초등쌤이 만들고 아이들이 좋아한

또박또박

유경선 지음

교실 속 소소하고 재미있는 이야기들을 오물조물 빚어서 나누는 것을 좋아합니다. 아이들의 모든 '처음'을 응원하며 새로운 시작을 쉽고 재미있게 맞이하는 방법에 대해 매일 고민하고 연구합니다. 아이들의 도전과 성장을 격려하며 다정하고 단단하게 이끌어 주는 어른이 되길 꿈꿉니다.
초등학교에 입학하는 어린이들을 위한 안내서 《슬기로운 1학년 학교생활》과 초등 저학년을 위한 독서록 입문서 《첫 문장이 쉬워지는 한 줄 독서록》을 썼습니다.

블로그 YOU쌤의 한 줄 다이어리 https://blog.naver.com/lymeoran

* 이 책에서 따라 쓴 작품 목록
문장을 실을 수 있도록 허락해 주신 작가님과 출판사, 한국음악저작권협회에 감사 드립니다.

88쪽 〈다섯 글자 예쁜 말〉 정수은 작사·임수연 작곡, 2009
112쪽 《수박씨》 최명란 동시집·김동수 그림, 창비, 2008
116쪽 《나에게 들려주는 예쁜 말》 김종원 글·나래 그림, 상상아이, 2024

또박또박 바른 글씨 예쁜 말

1판 1쇄 펴냄 | 2025년 11월 30일

지 음 | 유경선
발행인 | 김병준 · 고세규
편 집 | 이지혜 · 박준영
디자인 | 잔물결
마케팅 | 김유정 · 신예은 · 최은규
발행처 | 상상아카데미

등록 | 2010. 3. 11. 제313-2010-77호
주소 | 서울시 마포구 독막로6길 11, 우대빌딩 2, 3층
전화 | 02-6953-8343(편집), 02-6925-4188(영업)
팩스 | 02-6925-4182
전자우편 | main@sangsangaca.com
홈페이지 | http://sangsangaca.com

ⓒ 유경선, 2025

• 이 책은 저작권법에 의해 보호를 받는 저작물이므로
  저자와 출판사의 허락 없이 내용의 일부를 인용하거나 발췌하는 것을 금합니다.
• 책값은 뒤표지에 있습니다.
• 잘못된 책은 구입하신 서점에서 교환해 드립니다.
• KC마크는 이 제품이 공통안전기준에 적합하였음을 뜻합니다.

ISBN 979-11-93379-67-7 (73710)

초등쌤이 만들고 아이들이 좋아한

또박또박
바른 글씨
예쁜 말

내 마음을 담아요

긍정 정서와 창의력을 키워요

유경선 지음

상상아카데미

글씨는 손으로 전하는 마음!
또박또박 예쁘게 마음을 전해요

교실에서 글씨 쓰기 수업을 하다 보면 친구들 얼굴에 웃음이 가득할 때가 있어요. 내가 쓴 글을 친구들과 선생님에게 빨리 보여 주고 싶어서 엉덩이가 들썩들썩하죠. 힘들고 지겨운 글씨 쓰기가 이렇게 즐겁고 기대되는 활동으로 느껴지는 힘은 어디에서 올까요? 이 책에 오랫동안 1, 2학년 친구들을 만나면서 알게 된, 특별한 두 가지 힘을 담았어요.

하나. 쓸수록 재미있는 다양한 주제의 힘이에요!
좋아하는 활동을 하는 동안 긴 시간이 순식간에 휘릭 지나가는 경험을 해 본 적 있나요? 소중한 단어 쓰기, 좋아하는 음식 쓰기, 듣고 싶은 말 쓰기 등 인기 만점 글씨 쓰기 주제들을 소개할게요. 손이 아프기는커녕 더 쓰고 싶고, 또 쓰고 싶을 거예요.

둘. 나에게 의미 있는 단어와 문장을 더하여 쓰는 힘이에요!
책에 나온 과일 이름을 반복하여 따라 쓰는 것보다 내가 좋아하는 과일을 소개하며 쓰는 것이 더 신이 나요. 내 생각, 내 이야기를 담은 글씨는 누군가에게 보여 주고 싶고, 자랑하고 싶어요. 그런 마음이 바른 글씨를 쓰는 힘이 되지요.

이 책에 담긴 두 가지 힘이 즐거운 글씨 연습이 되도록 도와줄 거예요. 그렇다고 즐겁기만 하고 대강대강 후다닥 쓴다면 바르고 예쁜 글씨를 만들 수 없어요. 정성을 담아 천천히, 조금씩 꾸준히 쓰는 것이 중요해요. 글씨는 손으로 전하는 마음이에요. 여러분의 소중한 마음이 또박또박 글씨에 담겨 누구에게나 정확히 잘 전해지길 응원할게요.
"여러분은 할 수 있어요!"

어린이에게 알려 주는
이 책의 200% 활용법

오늘의 글씨 쓰기 주제는?

내 마음에 쏙 드는 '오늘의 글씨 쓰기 주제'를 골라 보세요.
➡ 글씨 쓰기가 더 즐거워져요!

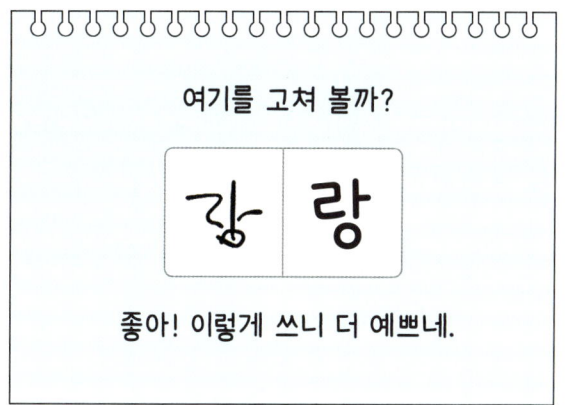

내가 쓴 글씨를 자세히 들여다보세요. 고쳐 쓰기도 하고, 예쁜 글씨도 찾아보세요.
➡ 매일 성장하는 내 글씨를 만날 수 있어요!

바른 글씨를 꽃피우는 힘!
긍정 정서를 키우도록 도와주세요

아이들이 글씨 쓰기를 연습할 때 긍정적인 감정을 갖는 것은 매우 중요해요. 긍정적인 감정은 아이가 글씨 쓰기를 즐겁게 느끼도록 도와주고 자신감을 키워 줘요. 또 편안하고 즐거운 분위기에서 글씨 쓰기를 연습하면 스트레스 없이 집중할 수 있어, 글씨 쓰기 능력 향상에도 도움이 돼요. 기분이 좋아지고 따뜻함을 느낄 수 있는 단어와 문장들을 골라 책에 가득 담았어요. 이 책에 담긴 긍정 정서를 슬기롭게 활용하기 위한 부모의 역할은 무엇일까요?

하나. 좋은 피드백을 주면서 아이가 즐겁게 쓰도록 격려해 주세요.
긍정적인 격려와 칭찬은 아이가 지속적으로 노력할 수 있는 동기를 부여해 준답니다. 따라 쓰기를 넘어 진짜 내 글씨를 만들어 가는 긴 과정에서 꾸준함을 발휘할 수 있도록 응원해 주세요. 옆면에 긍정적이고 따뜻한 피드백의 예를 구체적으로 담았어요. 아이의 노력을 칭찬하는 말, 더 나은 방향을 안내하는 말들을 소리 내어 연습하면 좋아요.

둘. 아이의 생각에 귀 기울이고, 부모님의 이야기를 더하여 들려주세요.
아이가 자신의 소중한 단어로 '가족'을 썼다면, 이렇게 말해 주면 어떨까요? "맞아, 우리 가족은 정말 소중하지. 엄마는 소중한 단어라고 하니, '건강'이 가장 먼저 떠올랐어. 소중한 우리 가족이 모두 건강했으면 좋겠다." 예쁜 글씨와 정겨운 목소리로 주고받은 서로의 마음은 글씨 쓰기 시간을 더욱 의미 있게 만들 거예요.

아이의 노력이 예쁜 꽃을 피우고, 알찬 열매를 맺을 수 있도록 기쁜 마음으로 함께해 주세요. 부모님의 따뜻한 피드백이 바른 글씨를 꽃피우는 훌륭한 거름이 될 거예요. 한 자 한 자 정성스럽게 쓴 손 글씨로 마음을 전하는 것이 얼마나 기쁜 일인지 경험할 수 있도록 도와주세요.

부모님에게 알려 주는
이 책의 200% 활용법

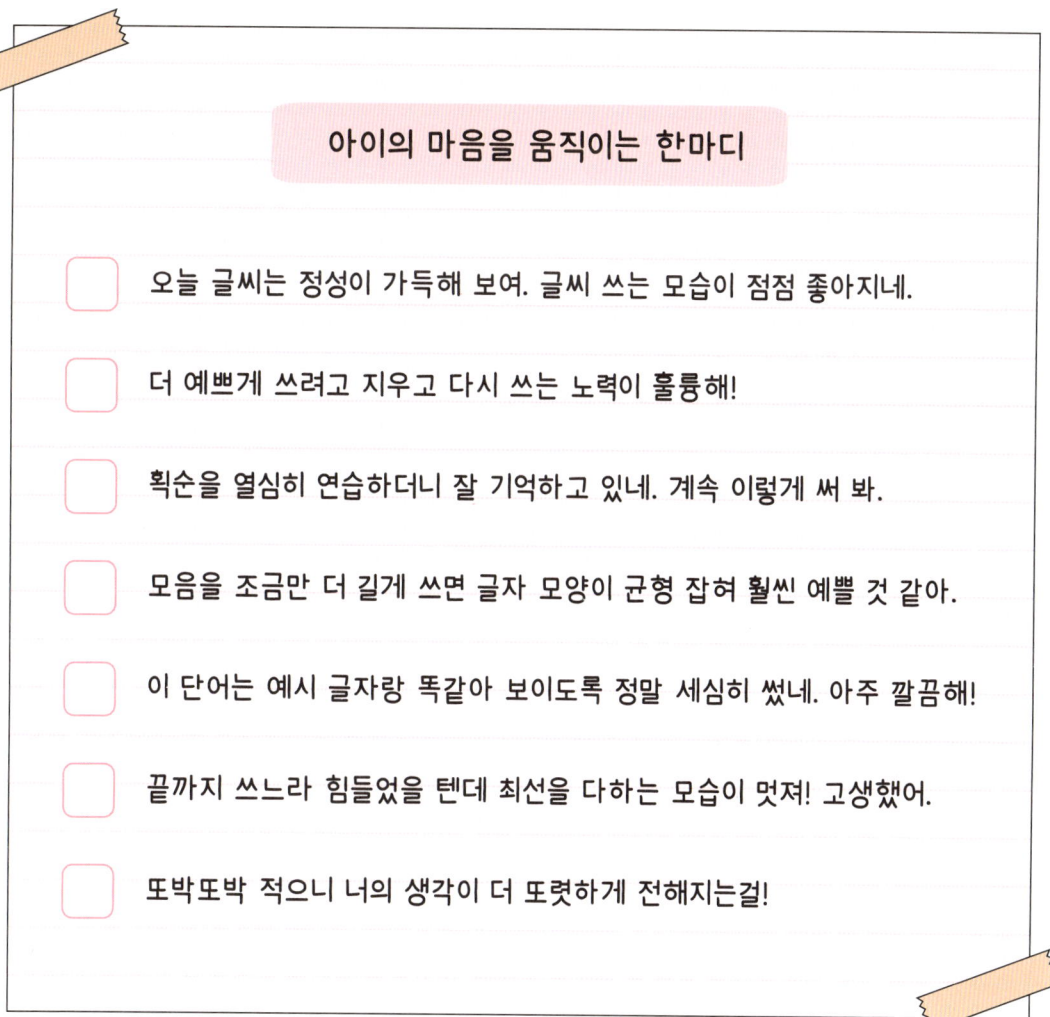

아이의 마음을 움직이는 한마디

- ☐ 오늘 글씨는 정성이 가득해 보여. 글씨 쓰는 모습이 점점 좋아지네.
- ☐ 더 예쁘게 쓰려고 지우고 다시 쓰는 노력이 훌륭해!
- ☐ 획순을 열심히 연습하더니 잘 기억하고 있네. 계속 이렇게 써 봐.
- ☐ 모음을 조금만 더 길게 쓰면 글자 모양이 균형 잡혀 훨씬 예쁠 것 같아.
- ☐ 이 단어는 예시 글자랑 똑같아 보이도록 정말 세심히 썼네. 아주 깔끔해!
- ☐ 끝까지 쓰느라 힘들었을 텐데 최선을 다하는 모습이 멋져! 고생했어.
- ☐ 또박또박 적으니 너의 생각이 더 또렷하게 전해지는걸!

매일 아이에게 긍정적이고 따뜻한 한마디를 건네 보세요.

<또박또박 바른 글씨 예쁜 말>로 글씨 쓰기 연습을 하면

1단계 준비하기

2단계 기초 다지기

바른 글씨를 쓰기 위해 준비해요.
바른 자세와 연필 잡기를 배우고, 손힘을 길러요.
자음과 모음의 획순을 색연필로 따라 쓰고,
글자의 모양을 살피며 글씨 쓰기 연습을 해요.

> 바르고 예쁜 글씨체를 만들 수 있어요.

> 생각이 커지고 마음이 단단해져요.

> 창의력과 표현력과 공감 능력이 자라요.

3단계 쓰기 연습하기

4단계 생각 더하기

다양한 주제의 단어를 바르고 예쁘게 따라 써요.
소중한 단어, 좋아하는 음식, 듣고 싶은 말 등을
또박또박 예쁘게 따라 쓰며 글씨 쓰기에
재미를 느껴요.

주제 단어와 관련된 재미있는 활동을 해요.
단어와 관련된 내 생각을 구체적으로 표현해요.
글로 쓰기 어려울 때는 말로 표현해도 좋아요.
가족, 친구와 따뜻한 대화도 나눌 수 있어요.

어린이에게 4
부모님에게 6
이 책의 구성과 특징 8

1장
바른 글씨 쓰기 준비

바른 글씨 쓰기의 중요성 14
바른 글씨 자세 15
바른 연필 잡기 16
바른 글씨 준비물 17
손힘 기르기 18

한 글자 한 글자 차근차근 써 봐.

글씨가 삐뚤어졌다고? 지우고 다시 쓰면 돼.

2장
바른 글씨 쓰기 기초

자음의 획순 24
모음의 획순 28
글자의 모양 32
문장 부호 34

바르게 쓰면 마음도 반듯해질 거야.

3장
바른 글씨 쓰기 실전

나

특별한 이름 쓰기 ♥ 생각 더하기 38
소중한 단어 쓰기 ♥ 생각 더하기 42
좋아하는 음식 쓰기 ♥ 생각 더하기 46
좋아하는 활동 쓰기 ♥ 생각 더하기 50

마음

마음 단어 쓰기 ♥ 생각 더하기 54
희망 단어 쓰기 ♥ 생각 더하기 58
미덕의 보석 쓰기 ♥ 생각 더하기 62
감사하는 말 쓰기 ♥ 생각 더하기 66

자연

꽃 이름 쓰기 ♥ 생각 더하기 70
동물 이름 쓰기 ♥ 생각 더하기 74
계절 이름 쓰기 ♥ 생각 더하기 78
자연 이름 쓰기 ♥ 생각 더하기 82

예쁜 말

다섯 글자 쓰기 ♥ 생각 더하기 86
토박이말 쓰기 ♥ 생각 더하기 90
듣고 싶은 말 쓰기 ♥ 생각 더하기 94
힘을 주는 말 쓰기 ♥ 생각 더하기 98

책

책 제목 쓰기 ♥ 생각 더하기 102
흉내 내는 말 쓰기 ♥ 생각 더하기 106
동시 쓰기 ♥ 생각 더하기 110
황금 문장 쓰기 ♥ 생각 더하기 114

부록 1 마음 우체통 119
부록 2 마음 카드 123
부록 3 글자 사전 127

바른 글씨 쓰기 준비

글씨를 바르게 쓰기 위한
몸과 마음을 준비할 거예요.

왜 글씨를 또박또박 바르게 써야 할까요?
이유를 알면 나도 글씨를 바르고 예쁘게
쓰고 싶은 마음이 생겨요.
그 마음이 글씨 쓰기를 즐겁게 만들어 줄 거예요.

글씨를 바르게 쓰기 위한 몸의 자세와
연필 잡는 법을 알려 줄게요.

또 바른 글씨 쓰기를 돕는 필기구 친구들과
손힘 기르는 방법도 소개할게요.

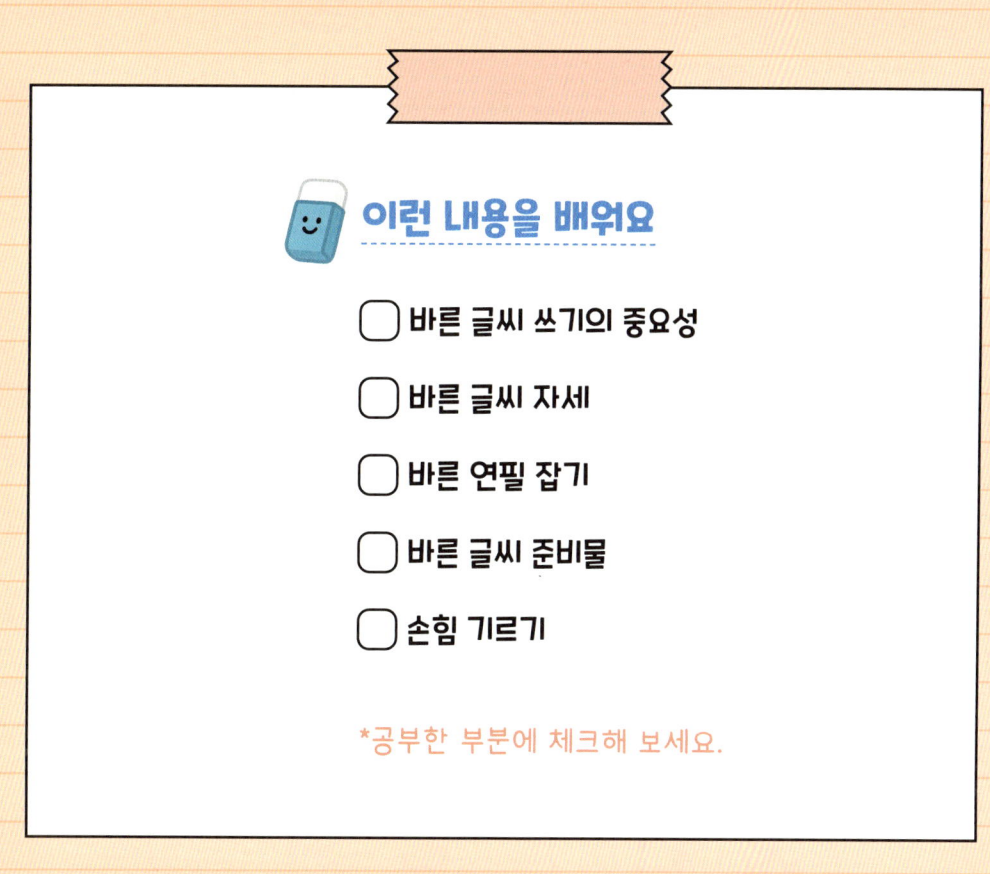

🌸 바른 글씨 쓰기의 중요성

글은 소중하고 재미있는 내 생각과 마음을 담고 있어요.

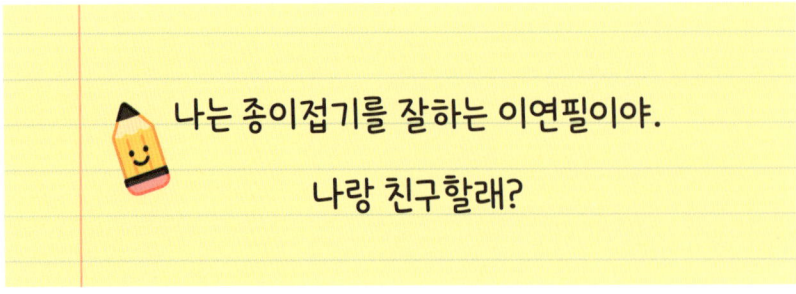

그런데 삐뚤빼뚤 들쭉날쭉 글씨로 글을 쓴다면 어떨까요?

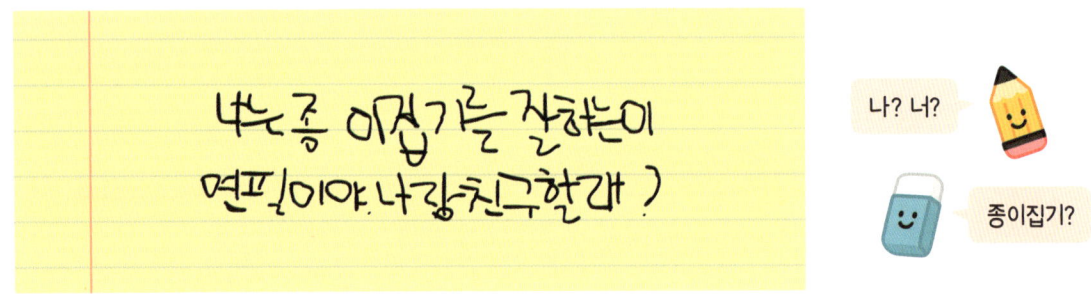

선생님이나 친구들이 내 생각과 마음을 정확히 읽을 수 없어요.
못생긴 글씨에 가려져 '생각도 별로일 거야.'라고 오해받을 수도 있지요.

음식을 그릇에 깔끔하게 담으면 더 먹음직스러워 보이지요?
글씨도 마찬가지예요. 바른 글씨로 또박또박 글을 쓰면 내 생각과 마음이 더 멋져 보인답니다.

또	박	또	박

멋	진	생	각

🌸 바른 글씨 자세

① 허리를 곧게 펴고 엉덩이를 의자 뒤에 바짝 붙여요.

② 글씨를 쓰지 않는 손으로 공책이 움직이지 않도록 가볍게 눌러요.

③ 눈과 공책 사이의 거리가 점점 좁아지지 않도록 처음 자세를 유지하는 게 중요해요.

바른 연필 잡기

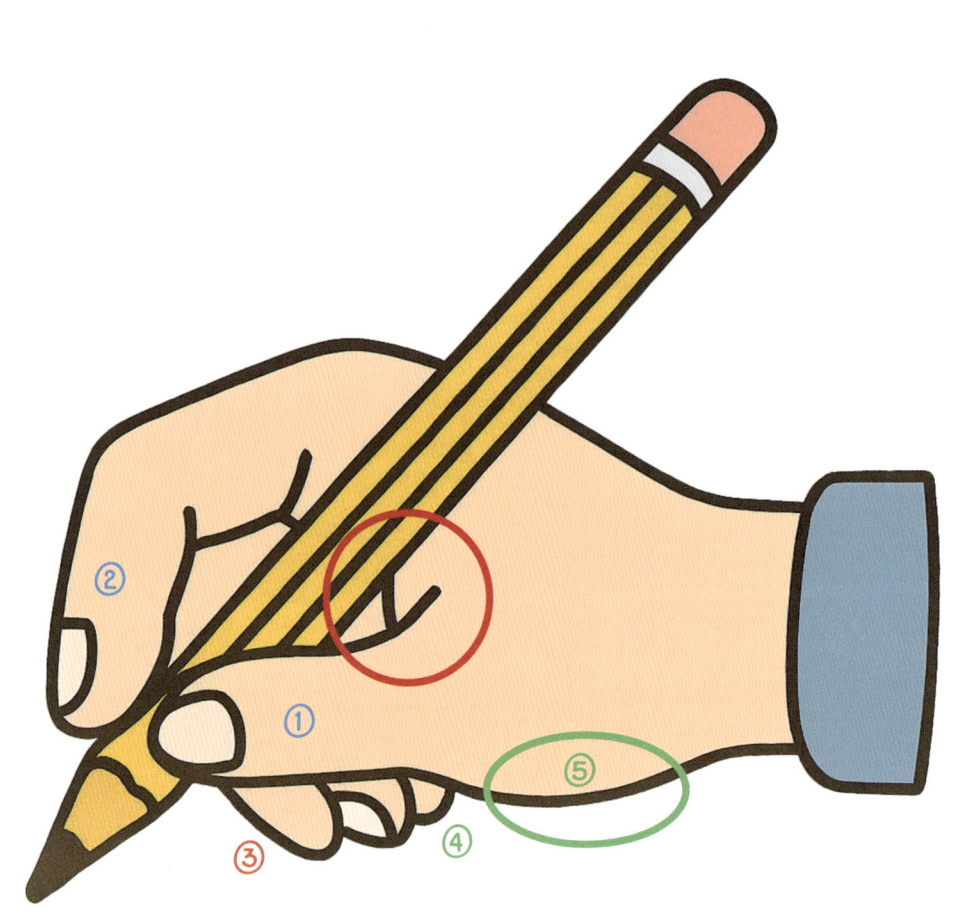

① 엄지손가락과 ② 집게손가락으로 연필을 가볍게 감싸 쥐어요.

③ 가운뎃손가락 첫 번째 마디와 ◯ 부분으로 연필을 받쳐요.

④ 새끼손가락과 ⑤ 손날을 바닥에 가볍게 내려놓아요.

🌷 바른 글씨 준비물

연필
2B, B, HB 연필 모두 써 보고 가장 편한 걸 찾아보세요.
손힘이 부족해서 글씨 쓸 때 손이 자꾸 미끄러진다면
도톰한 삼각기둥 연필이나 홈이 파인 연필을 써 보길 추천해요.

색연필
손힘이 있어야 바르고 예쁘게 글씨를 쓸 수 있어요.
손힘을 기르는 선 긋기 연습을 할 때 연필보다 색연필을 먼저
사용하면 좋아요. 글자의 획순을 익힐 때도 색깔 약속을 정해서
연습해 볼 거예요.

검정 사인펜
새로운 필기도구를 사용해 글씨를 쓰는 건 정말 재미있어요!
사인펜은 지우개로 쓱쓱 지울 수가 없어 더욱 집중해서 글씨를
쓸 수 있지요. 집중해서 쓴 글씨가 얼마나 더 예쁜지 경험해 보세요.

별 형광펜
칸 공책에 도장처럼 콕! ⭐ 찍기 좋아요. 바르고 예쁜 글씨를
스스로 칭찬하며 콕! 찍어 주세요. 뿌듯한 마음이 들어 더 예쁘게
쓰고 싶을 거예요.

🌸 손힘 기르기

색연필로 선 긋기를 하며 바른 글씨 쓰기를 위한 기초 체력을 길러요.
내가 좋아하는 색들을 골라 도전해요.

무슨 색을 좋아해?

월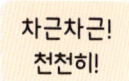일

색연필로 긴 선 긋기를 하며 바른 글씨 쓰기를 위한 차분한 마음가짐을 연습해요. 손목과 팔을 천천히 일정한 속도로 함께 움직이며 도전해요.

차근차근! 천천히!

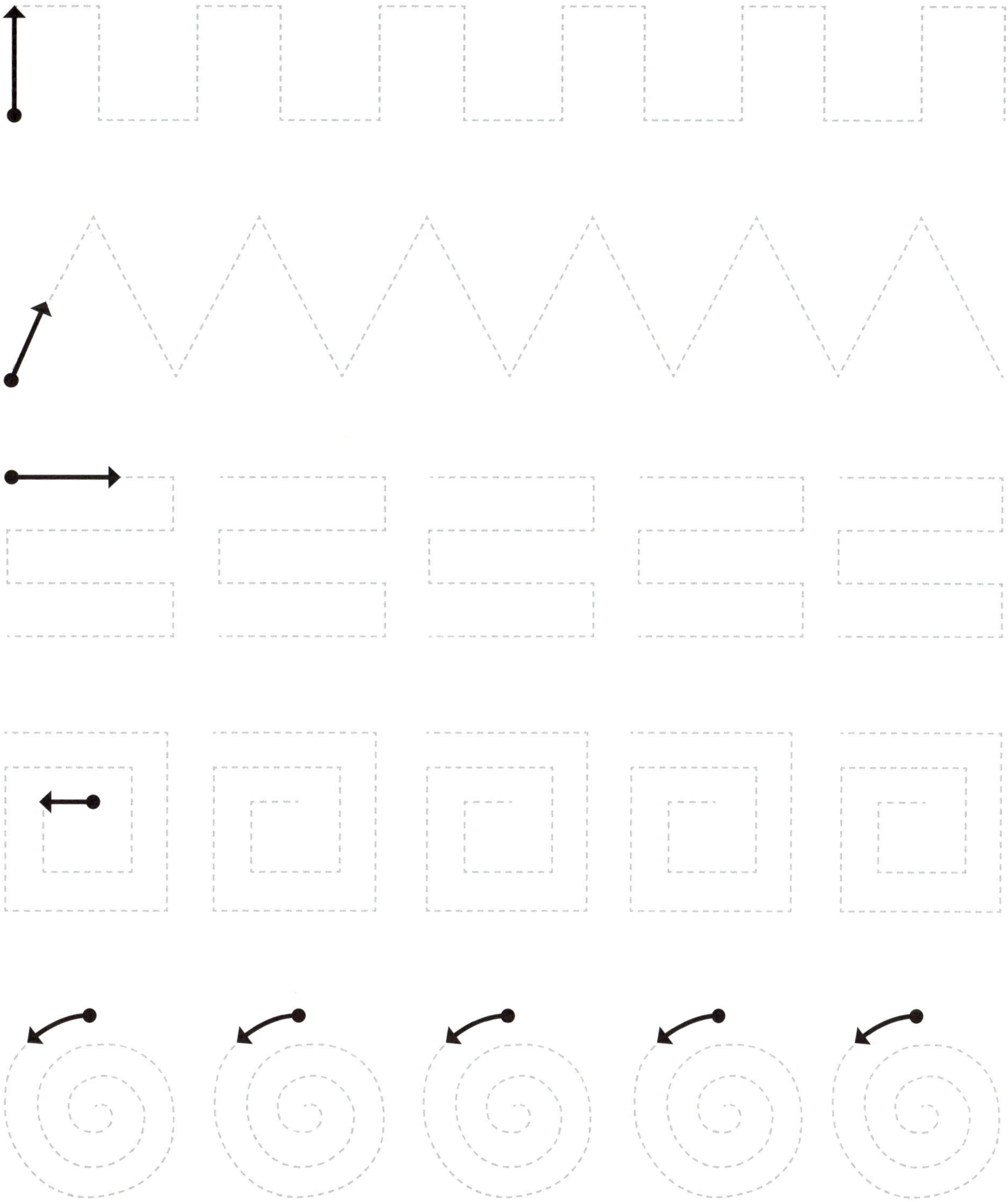

🌸 손힘 기르기

검정 사인펜으로 선 긋기를 하며 바른 글씨 쓰기를 돕는 집중력을 길러요.
노력하는 모습이 멋지니, 실수해도 괜찮아요!

집중! 집중!

연필로 짧은 선 긋기를 하며 바른 글씨 쓰기를 위한 연습을 해요.
다양한 연필을 사용하며 나에게 잘 맞는 연필을 찾아보세요.

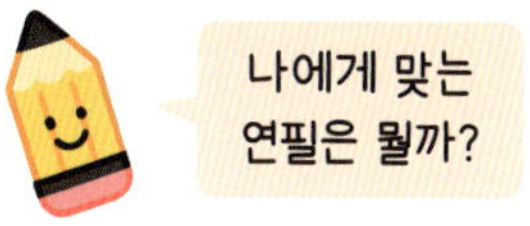

나에게 맞는 연필은 뭘까?

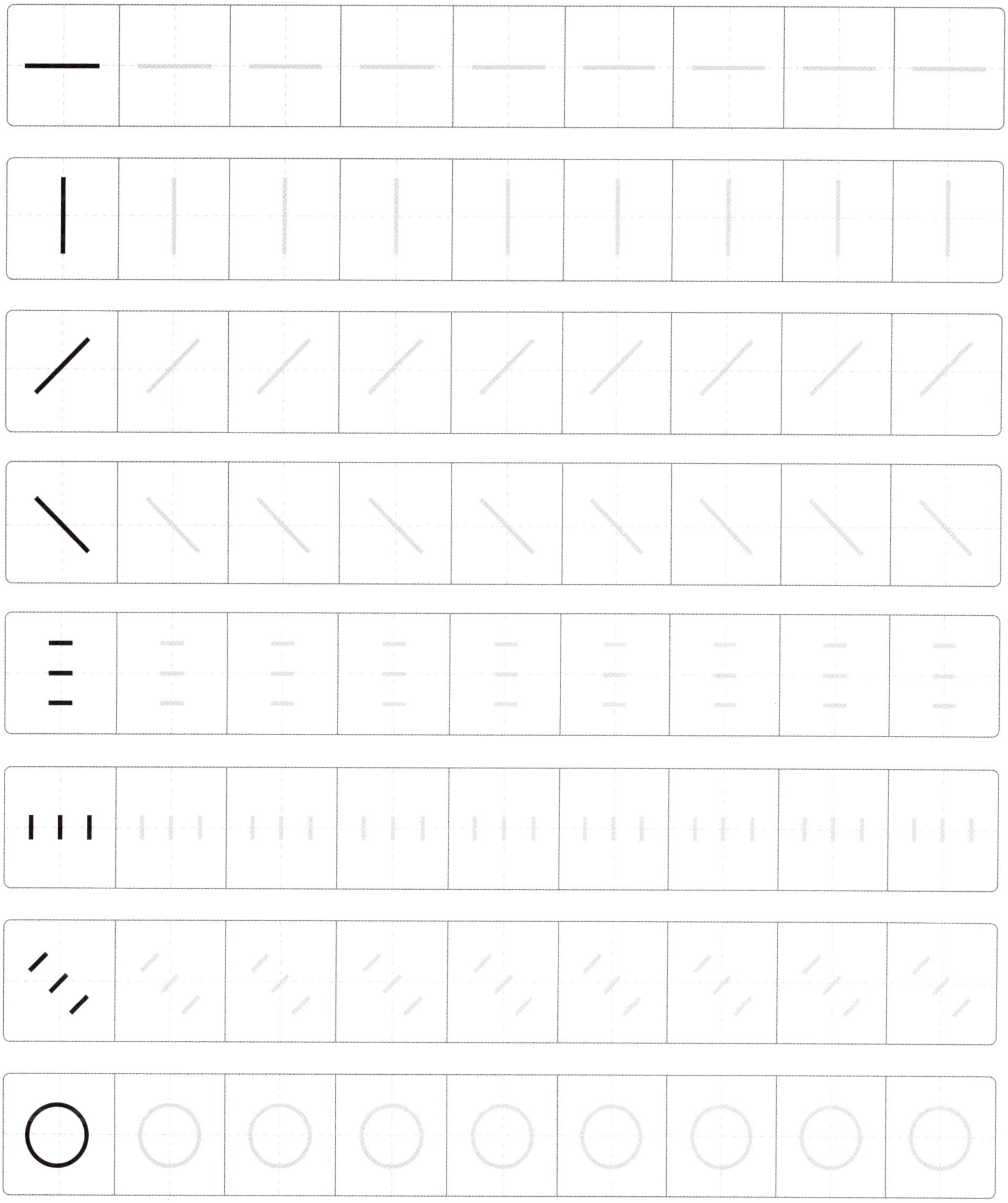

바른 글씨 쓰기
기초

글씨를 바르게 쓰기 위한
탄탄한 기초를 다질 거예요.

자음과 모음 쓰는 순서는 자꾸 헷갈리지요.
색연필을 활용해서 획순을 더 쉽게 익히는
방법을 배워 보아요.

삐뚤빼뚤 들쭉날쭉 글씨가 고민인 친구들을 위해
균형이 맞는 바른 글자 모양을 알려 줄게요.

또 문장의 뜻을 더 정확하게 전하기 위한 기호,
문장 부호 4총사도 소개할게요.

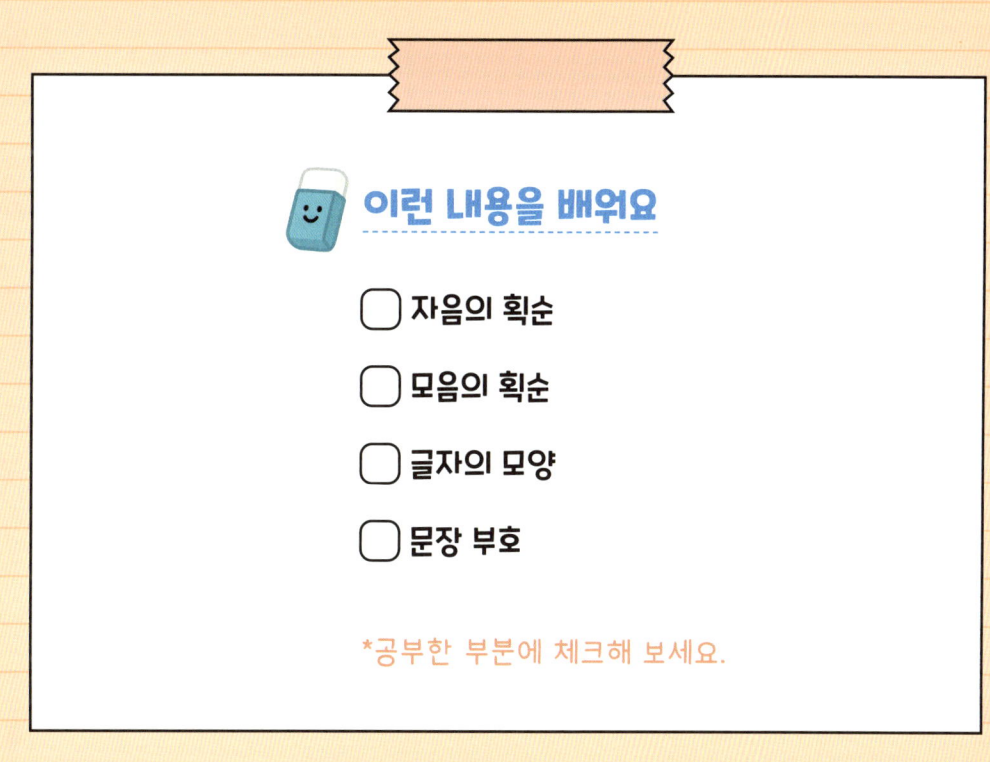

이런 내용을 배워요

- ☐ 자음의 획순
- ☐ 모음의 획순
- ☐ 글자의 모양
- ☐ 문장 부호

*공부한 부분에 체크해 보세요.

🌷 자음의 획순

획은 글씨를 쓸 때 한 번에 긋는 선이에요.
획의 순서인 '획순'을 잘 지키면 더욱 바르고 예쁜 글씨를 쓸 수 있어요.

다음의 순서로 색연필을 준비하세요.

① 검정 ② 빨강 ③ 파랑 ④ 초록 ⑤ 분홍 ⑥ 보라 ⑦ 하늘 ⑧ 주황

이 번호 순서로 색을 바꿔 가며 연습하면 획순을 더 쉽게 익힐 수 있어요.
안내 영상을 참고한 후, 소리 내어 읽으며 정성껏 따라 써 보세요.

획순 영상 보기

쓰는 순서	따라 쓰기	따라 쓰기	바르게 도전!	예쁘게 도전!	자음자 찾기
ㄱ	ㄱ	ㄱ			
기역					고양이
ㅋ	ㅋ	ㅋ			
키읔					코코아
ㄲ	ㄲ	ㄲ			
쌍기역					꽃
ㄴ	ㄴ	ㄴ			
니은					나무

쓰는 순서	따라 쓰기	따라 쓰기	바르게 도전!	예쁘게 도전!	자음자 찾기
ㄷ	ㄷ	ㄷ			
디귿					도장
ㅌ	ㅌ	ㅌ			
티읕					토끼
ㄸ	ㄸ	ㄸ			
쌍디귿					딸기
ㄹ	ㄹ	ㄹ			
리을					리본
ㅁ	ㅁ	ㅁ			
미음					미소

글씨를 바르게 쓰고 나서 각 자음자가 들어가는 단어를 더 찾아보세요.

🌷 자음의 획순

쓰는 순서	따라 쓰기	따라 쓰기	바르게 도전!	예쁘게 도전!	자음자 찾기
ㅂ	ㅂ	ㅂ			바다
비읍					
ㅍ	ㅍ	ㅍ			포도
피읖					
ㅃ	ㅃ	ㅃ			빵
쌍비읍					
ㅅ	ㅅ	ㅅ			시소
시옷					
ㅆ	ㅆ	ㅆ			씨앗
쌍시옷					

 글씨를 바르게 쓰고 나서 각 자음자가 들어가는 단어를 더 찾아보세요.

쓰는 순서	따라 쓰기	따라 쓰기	바르게 도전!	예쁘게 도전!	자음자 찾기
ㅈ	ㅈ	ㅈ			
지읒					자두
ㅊ	ㅊ	ㅊ			
치읓					차
ㅉ	ㅉ	ㅉ			
쌍지읒					쪽지
ㅇ	ㅇ	ㅇ			
이응					우유
ㅎ	ㅎ	ㅎ			
히읗					호랑이

글씨를 바르게 쓰고 나서 각 자음자가 들어가는 단어를 더 찾아보세요.

🌸 모음의 획순

모음의 획순도 자음과 같은 방법으로 연습해 보아요. 소리 내어 읽으며 정성껏 따라 쓰기 도전!

쓰는 순서	따라 쓰기	따라 쓰기	바르게 도전!	예쁘게 도전!	모음자 찾기
	ㅏ	ㅏ			
아					나비
	ㅑ	ㅑ			
야					야구공
	ㅓ	ㅓ			
어					거울
	ㅕ	ㅕ			
여					여우
	ㅗ	ㅗ			
오					모자

 글씨를 바르게 쓰고 나서 각 모음자가 들어가는 단어를 더 찾아보세요.

쓰는 순서	따라 쓰기	따라 쓰기	바르게 도전!	예쁘게 도전!	모음자 찾기
	ㅛ	ㅛ			
요					요리사
	ㅜ	ㅜ			
우					무
	ㅠ	ㅠ			
유					휴지
	ㅡ	ㅡ			
으					그림
	ㅣ	ㅣ			
이					비

글씨를 바르게 쓰고 나서 각 모음자가 들어가는 단어를 더 찾아보세요.

🌸 모음의 획순

복잡한 모음도 도전해 보아요. 모음이 들어가는 낱말을 참고하면 좀 더 쉽게 익힐 수 있어요.

쓰는 순서	따라 쓰기	따라 쓰기	바르게 도전!	예쁘게 도전!	모음자 찾기
애	ㅐ	ㅐ			해
에	ㅔ	ㅔ			레몬
얘	ㅒ	ㅒ			얘기
예	ㅖ	ㅖ			계란
와	과	과			과자

 글씨를 바르게 쓰고 나서 각 모음자가 들어가는 단어를 더 찾아보세요.

쓰는 순서	따라 쓰기	따라 쓰기	바르게 도전!	예쁘게 도전!	모음자 찾기
	ㅙ	ㅙ			
왜					돼지
	ㅚ	ㅚ			
외					최고
	ㅝ	ㅝ			
워					월요일
	ㅞ	ㅞ			
웨					웨딩드레스
	ㅟ	ㅟ			
위					귀
	ㅢ	ㅢ			
의					의사

🌷 글자의 모양

글자는 다양한 모양을 가지고 있어요.

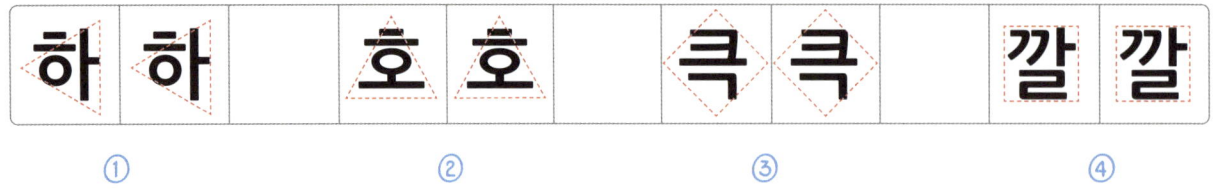

① ② ③ ④

글자 모양을 머릿속에 그리며 글씨 연습을 하면 균형이 맞는 바른 글자를 쓸 수 있어요.
글자 모양을 보고 바르게 따라 써 보세요.

① 자음 + 오른쪽 모음(ㅏ, ㅑ, ㅓ, ㅕ, ㅣ) : 기울인 세모 모양

② 자음 + 아래쪽 모음(ㅗ, ㅛ, ㅡ) : 바른 세모 모양

③-(1) 자음 + 아래쪽 모음(ㅜ, ㅠ) : ◇ 마름모 모양

두부 우유 후추

두부 우유 후추

③-(2) 자음 + 가운데 모음(ㅗ, ㅛ, ㅜ, ㅠ, ㅡ) + 받침 : ◇ 마름모 모양

꽃 용 물 귤 들

꽃 용 물 귤 들

④ 자음 + 오른쪽 모음(ㅏ, ㅑ, ㅓ, ㅕ, ㅣ) + 받침 : □ 네모 모양

영양 선생님 책상

영양 선생님 책상

🌸 문장 부호

빨간색으로 표시한 문장 부호의 모양을 살펴보세요.

 엄마**,** 문장 부호가 뭐예요**?**

문장의 뜻을 더 정확하고 생생하게 전하기 위해 쓰는 기호란다**.**

 우리 같이 그림책에서 문장 부호 찾기 놀이 할까요**?**

그래**,** 좋은 생각이구나**!**

문장 부호의 이름을 소리 내어 읽고 바르게 써 보세요.

쉼표	마침표	물음표	느낌표
,	.	?	!
,	.	?	!

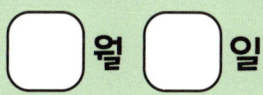

문장 부호와 그 쓰임을 소리 내어 읽어 보세요.

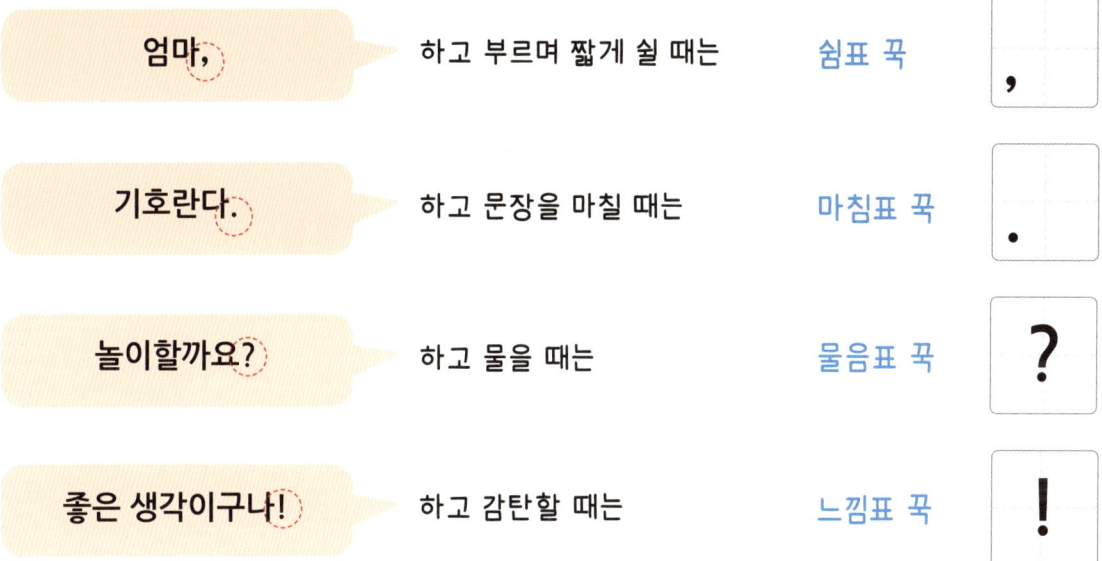

문장을 소리 내어 읽고 알맞은 문장 부호를 따라 써 보세요.

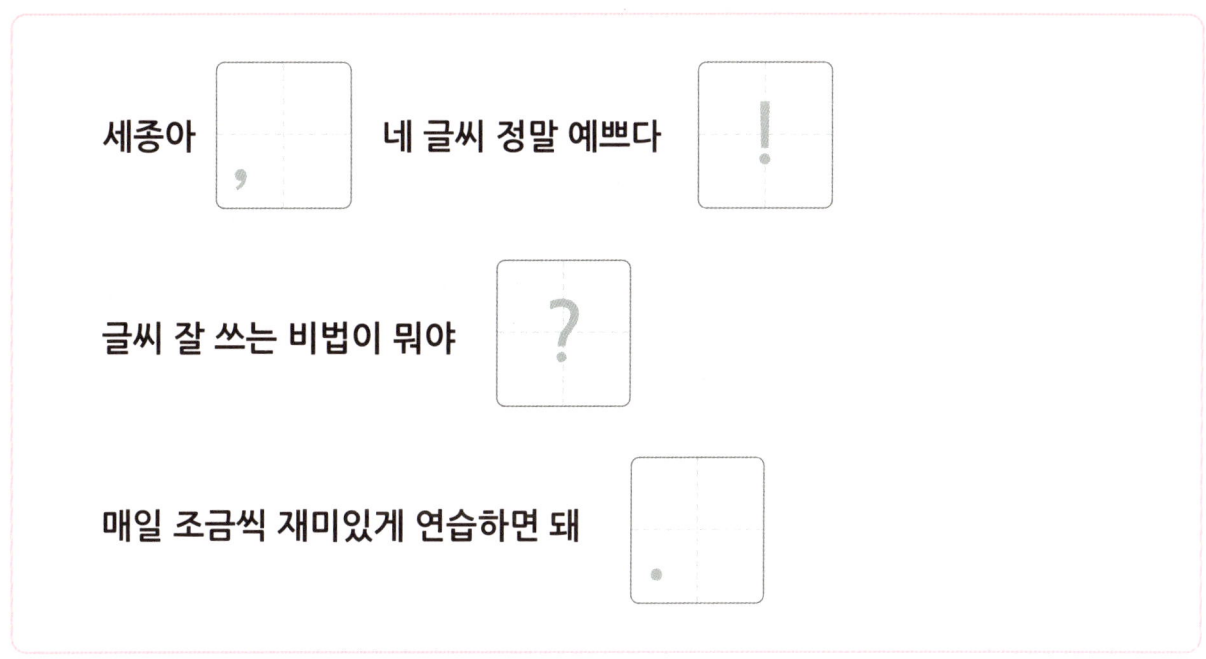

바른 글씨 쓰기

글씨를 바르고 예쁘게
쓰기 위한 연습을 할 거예요.

글씨 쓰기가 지겹고 힘든 친구들을 위해
내 마음대로 골라 쓰는 특별한 주제들을 담았어요.

기분이 좋아지고 미소가 절로 지어지는
단어와 문장들을 소개할게요.

소중하고 재미있는 내 생각과 마음을
또박또박 바른 글씨로 표현하는 방법도 알려 줄게요.

 이런 내용을 배워요

나
- ☐ 특별한 이름 쓰기 ♥ 생각 더하기
- ☐ 소중한 단어 쓰기 ♥ 생각 더하기
- ☐ 좋아하는 음식 쓰기 ♥ 생각 더하기
- ☐ 좋아하는 활동 쓰기 ♥ 생각 더하기

마음
- ☐ 마음 단어 쓰기 ♥ 생각 더하기
- ☐ 희망 단어 쓰기 ♥ 생각 더하기
- ☐ 미덕의 보석 쓰기 ♥ 생각 더하기
- ☐ 감사하는 말 쓰기 ♥ 생각 더하기

자연
- ☐ 꽃 이름 쓰기 ♥ 생각 더하기
- ☐ 동물 이름 쓰기 ♥ 생각 더하기
- ☐ 계절 이름 쓰기 ♥ 생각 더하기
- ☐ 자연 이름 쓰기 ♥ 생각 더하기

예쁜 말
- ☐ 다섯 글자 쓰기 ♥ 생각 더하기
- ☐ 토박이말 쓰기 ♥ 생각 더하기
- ☐ 듣고 싶은 말 쓰기 ♥ 생각 더하기
- ☐ 힘을 주는 말 쓰기 ♥ 생각 더하기

책
- ☐ 책 제목 쓰기 ♥ 생각 더하기
- ☐ 흉내 내는 말 쓰기 ♥ 생각 더하기
- ☐ 동시 쓰기 ♥ 생각 더하기
- ☐ 황금 문장 쓰기 ♥ 생각 더하기

*공부한 부분에 체크해 보세요.
꼭 순서대로 하지 않아도 괜찮아요!
그날 그날 하고 싶은 주제를
선택해서 바르게 써 보세요.

바른 글씨 — 특별한 이름 쓰기

오늘은 특별한 이름을 써 볼 거예요.

나는 이 세상에 하나뿐인 소중한 존재예요. 그런 나를 대표하는 것이 내 이름이지요.

나를 아끼고 사랑하듯 내 이름을 또박또박 바르게 써 보세요.

| 김 | 자 | | 김 | 자 | | 김 | 자 | |

| 이 | 연 | 필 | | 이 | 연 | 필 | | |

| 박 | 지 | 우 | 개 | | 박 | 지 | 우 | 개 |

내 이름을 써요. 한 번 쓴 뒤에는 한 칸을 띄고 다음 칸에 써요.

| 바르게 도전! | | | | | | | | |

| 예쁘게 도전! | | | | | | | | |

| 소 | 중 | 한 | | 내 | | 이 | 름 | 은 |

| | | | | | 입 | 니 | 다 | . |

나에게 소중한 사람의 이름을 써요. 가족, 친구, 선생님, 이웃 누구든 좋아요.

사랑하는 마음을 담아서 정성스럽게 써요.

부르는 말을 쓰고, 이어서 이름을 써요.

| 엄 | 마 | | | | | | | |

| 아 | 빠 | | | | | | | |

가장 바르고 예쁘게 쓴 '오늘의 글자'에
빛나는 ⭐ 별 도장을 꾹 찍어 주세요. 축하해요!

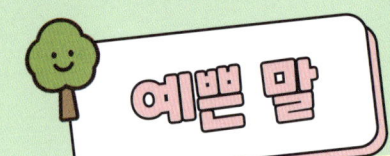

특별한 이름 생각 더하기

원래 이름 말고 친근하고 다정하게 부를 때 쓰는 이름을 '애칭'이라고 해요.
나와 소중한 사람들에게 특별하고 사랑스러운 애칭을 지어 주세요.
왜 그런 애칭을 지었는지 이유도 함께 말할 수 있으면 더욱 좋아요.

| 나 | 는 | | 다람이 | | | | | |

| 김 | 도 | 윤 | 입 | 니 | 다 | . | 🐿️ | |

왜냐하면 다람쥐처럼 작고 귀엽고 재빠르기 때문입니다.
사랑하는 마음을 가득 담아 나를 다람이라고 불러 주세요.

| 나 | 는 | | | | | | | |

| | | | | | | | | |

말로 표현해도 좋아요 왜냐하면 _____ 때문입니다.
사랑하는 마음을 가득 담아 나를 _____ (이)라고 불러 주세요.

내 이름의 의미를 알고 있나요?
모든 이름에는 특별한 의미가 담겨 있어요.
이름과 애칭을 예쁘게 쓰고 나서
가족과 함께 이름의 뜻을 이야기해 보세요.

말로 표현해도 좋아요

| 월 | 일 |

| 할 | 머 | 니 | 는 | | 김 | 치 | 천 | 재 |
| 고 | 순 | 례 | 입 | 니 | 다 | . | | |

왜냐하면 할머니가 담근 배추김치, 총각김치, 오이김치는 세상에서 가장 맛있기 때문입니다.
사랑하는 마음을 가득 담아 할머니를 김치 천재 라고 불러 드릴게요.

| 아 | 빠 | 는 | | | | | | |

| | | | | | | | |

말로 표현해도 좋아요
왜냐하면 _____ 때문입니다.
사랑하는 마음을 가득 담아 아빠를 _____ (이)라고 불러 드릴게요.

| 엄 | 마 | 는 | | | | | | |

| | | | | | | | |

말로 표현해도 좋아요
왜냐하면 _____ 때문입니다.
사랑하는 마음을 가득 담아 엄마를 _____ (이)라고 불러 드릴게요.

바른 글씨 — 소중한 단어 쓰기

오늘은 소중한 단어를 써 볼 거예요.
소중한 단어를 담는 나만의 보물 상자가 있다면 담고 싶은 것들을 떠올려 보세요.
이 단어들을 떠올리면 입가에는 미소가, 마음에는 따뜻함이 번질 거예요.

소리 내어 읽기	가족　꿈　고양이	

자음 따라 쓰기	가 족　꿈　고 양 이
자음 쓰기	ㅏ ㅗ　ㅜ　ㅗ ㅑ ㅣ
모음 따라 쓰기	가 족　꿈　고 양 이
모음 쓰기	ㄱ ㅈ　ㄲㅁ　ㄱ ㅇ ㅇ
단어 따라 쓰기	가 족　꿈　고 양 이
바르게 도전!	🙂　　🫰

 월 일

 가장 바르고 예쁘게 쓴 '오늘의 글자'에 빛나는 ⭐ 별 도장을 꾹 찍어 주세요. 축하해요!

소리 내어 읽기	여행 친구 웃음

자음 따라 쓰기	여	행	친	구	웃	음
자음 쓰기	ㅕ	ㅐ	ㅣ	ㅜ	ㅜ	ㅡ
모음 따라 쓰기	여	행	친	구	웃	음
모음 쓰기	ㅇ	ㅎ	ㅊ	ㄱ	ㅅ	ㅁ
단어 따라 쓰기	여	행	친	구	웃	음
예쁘게 도전!			화이팅!		👍	

 ## 소중한 단어 생각 더하기

소중한 단어들을 보기 에 가득 담았어요.
보기 에 적힌 단어를 단어 퍼즐에서 찾아 검정 사인펜으로 따라 써 보세요.
가로, 세로, 대각선 모두 가능하고, 겹치는 글자도 있어요.

― 보기 ―
감동 감사 강아지 나들이 놀이터 생일 사랑해 우정 운동 토요일 행복해 행운

우	산	감	사	나	그	네	행	운	찾	기
리	동	생	이	랑	만	복	숭	아	동	차
강	정	성	가	득	해	서	좋	아	요	놀
아	또	박	또	박	바	른	내	글	씨	이
지	예	쁜	말	을	주	고	받	아	요	터
똥	나	마	음	에	쏙	들	어	요	우	에
그	과	들	생	각	더	하	기	정	산	서
림	수	장	이	재	밌	어	생	강	청	만
책	방	에	서	토	요	일	에	볼	까	나

따라 쓴 글자 칸을 노랑 색연필로 색칠해 보세요.
소중한 단어와 어울리는 특별한 모양이 보일 거예요.

☐월 ☐일

나에게 소중한 단어를 두 개 골랐어요.

두 단어를 연결해서 짧은 글짓기를 해 보세요.

겨울 방학에 가족과 함께 여행을 가고 싶어요.

한 번 더 해 볼게요.

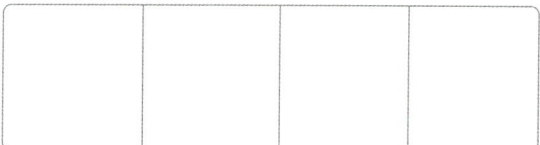

친구가 우리 고양이 코코가 귀엽다고 해서 기분이 좋았다.

나에게 소중한 단어를 두 개 써 보세요.

두 단어를 연결해서 짧은 글짓기를 해 보세요. 말로 표현해도 좋아요.

바른 글씨 — 좋아하는 음식 쓰기

오늘은 좋아하는 음식을 써 볼 거예요.
땀이 뻘뻘, 지치는 여름날에는 시원하고 달콤한 망고 아이스크림을 먹고 싶어요.
배고픈 주말 오후, 속이 꽉 찬 김밥에 후루룩 쩝쩝 라면은 어때요?

소리 내어 읽기: 망고 아이스크림

자음 따라 쓰기: 망고 아이스크림

자음 쓰기: ㅏ ㅗ ㅏ ㅣ ㅡ ㅡ ㅣ

모음 따라 쓰기: 망고 아이스크림

모음 쓰기: ㅁㅇ ㄱ ㅇ ㅇ ㅅ ㅋ ㄹㅁ

단어 따라 쓰기: 망고 아이스크림

바르게 도전! 할 수 있어!

 월 일

 가장 바르고 예쁘게 쓴 '오늘의 글자'에
빛나는 ⭐ 별 도장을 꾹 찍어 주세요. 축하해요!

소리 내어 읽기	라 면 소 고 기 김 밥
자음 따라 쓰기	라 면 소 고 기 김 밥
자음 쓰기	ㅏ ㅕ ㅗ ㅗ ㅣ ㅣ ㅏ
모음 따라 쓰기	라 면 소 고 기 김 밥
모음 쓰기	ㄹ ㅁㄴ ㅅ ㄱ ㄱ 김 밥
단어 따라 쓰기	라 면 👍 소 고 기 김 밥
예쁘게 도전!	최고야!

47

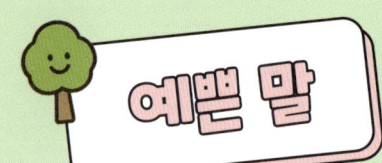

좋아하는 음식 생각 더하기

친구들이 좋아하는 음식을 소개할게요.
초성을 보고 어떤 음식인지 맞혀 보세요.
갑자기 군침이 돌고, 배에서 꼬르륵 소리가 날지도 몰라요.

| ㅍ | ㅈ | | ㅎ | ㅂ | ㄱ | | ㅅ | ㅌ | ㅇ | ㅋ |

| ㅇ | ㅅ | ㅅ | | ㄸ | ㅂ | ㅇ | | ㅃ | ㅃ |

내가 좋아하는 음식을 떠올려 초성만 적은 후, 가족에게 퀴즈로 내 보세요.

우리 가족 중 누가 알아맞혔나요?

가족 중 한 사람이 좋아하는 음식 초성 퀴즈를 내고 함께 맞혀 보세요.

고민했는데도 어렵다면, 한 글자 힌트를 부탁하세요.

48

☐월 ☐일

햄버거랑 감자튀김은 둘도 없는 단짝 친구예요.
하나만 먹으면 아쉽고, 둘이 같이 먹으면 환상의 짝꿍이지요.

| 햄 | 버 | 거 | | 단 | 짝 | | 친 | 구 | 는 |
| 감 | 자 | 튀 | 김 | 입 | 니 | 다 | . | | |

매콤달콤 떡볶이, 나의 단짝 친구를 찾아 주세요.

| 떡 | 볶 | 이 | | 단 | 짝 | | 친 | 구 | 는 |
| | | | | 입 | 니 | 다 | . | | |

꼭 같이 먹고 싶은 환상의 단짝 친구를 찾아 주세요.

| | | | | 단 | 짝 | | 친 | 구 | 는 |
| | | | | 입 | 니 | 다 | . | | |

※ 음식 조성 퀴즈 정답을 공개합니다.
눈눈 떡볶이 튀김말이
피자 콜라먹고 스테이크

바른 글씨 — 좋아하는 활동 쓰기

오늘은 좋아하는 활동을 써 볼 거예요.
혼자 해도 재미있는 것부터 여럿이 함께하면 더 신나는 것까지!
생각만 해도 기분이 좋아지고, 몸이 들썩이는 활동들을 찾아보세요.

소리 내어 읽기: 보드게임   자전거

자음 따라 쓰기: 보 드 게 임   자 전 거

자음 쓰기: ㅗ ㅡ ㅔ ㅣ   ㅏ ㅓ ㅓ

모음 따라 쓰기: 보 드 게 임   자 전 거

모음 쓰기: ㅂ ㄷ ㄱ 임   ㅈ 즌 ㄱ

단어 따라 쓰기: 보드게임 🎲 자전거

바르게 도전!: (빈칸) 화이팅!

 월 일

 가장 바르고 예쁘게 쓴 '오늘의 글자'에
빛나는 ⭐ 별 도장을 꾹 찍어 주세요. 축하해요!

| 소리 내어 읽기 | 종 이 접 기   태 권 도 |

자음 따라 쓰기	종	이	접	기	태	권	도
자음 쓰기	ㅗ	ㅣ	ㅓ	ㅣ	ㅐ	ㅝ	ㅗ
모음 따라 쓰기	종	이	접	기	태	권	도
모음 쓰기	ㅈㅇ	ㅇ	ㅈㅂ	ㄱ	ㅌ	ㄱㄴ	ㄷ
단어 따라 쓰기	종	이	접	기	👍	태	권	도
예쁘게 도전!					🙂			

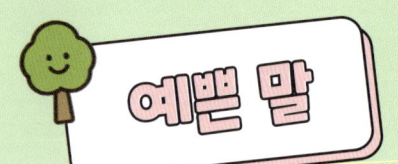 **좋아하는 활동 생각 더하기**

좋아하는 것이 많은 사람은 행복한 사람이에요. 기쁘게 즐길 것이 그만큼 많으니까요!
친구들이 좋아하는 여러 활동을 천천히 따라 읽어 보세요.

"나도 그거 좋아해!" 반가운 마음이 드는 것을 찾아 검정 사인펜으로 따라 써 주세요.

| 축 | 구 | | 캠 | 핑 |  | 종 | 이 | 접 | 기 |

| 미 | 술 | | 춤 | 추 | 기 | | 술 | 래 | 놀 | 이 |

| 태 | 권 | 도 | | 블 | 록 | 놀 | 이 | | 수 | 영 |

| 피 | 아 | 노 | 연 | 주 | | 그 | 림 | 책 | 읽 | 기 |

여러 가지 활동에서 사라진 자음 또는 모음을 써 주세요.

모음 쓰기 ㅅ영　ㅋㅁ핑　태ㄱ도

모음 쓰기 피아ㄴ연주　술ㄹ놀이

자음 쓰기 ㅜ추기　종이ㅓ기

자음 쓰기 ㅡ록놀이　그림책ㅣ기

좋아하는 활동을 좋아하는 친구와 함께하면 기쁨도 재미도 두 배가 되겠죠?

나는 좋아하는 친구에게 이렇게 말할 거예요.

"미소야, 나랑 같이 블록 놀이할래?"

좋아하는 친구의 이름을 부르며, 무엇을 함께하고 싶은지 적어 보세요.

"			,	나	랑		같	이

				할	래	?	.	"

즐겨 하거나 좋아하는 게임이 있다면 소개해 주세요.

컴퓨터나 휴대폰으로 할 수 있는 게임, 또는 보드게임의 이름도 좋아요.

제가 좋아하는 게임은 얼음 깨기입니다.

제가 좋아하는 게임은 퍼즐 맞추기입니다.

제	가		좋	아	하	는		게	임	은

입	니	다	.

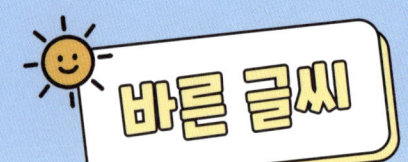

마음 단어 쓰기

오늘은 마음 단어를 써 볼 거예요.
'좋아!'라는 표현 말고, 기쁜 마음을 좀 더 다채롭게 표현하는 단어들을 생각해 봐요.
나는 내 마음의 소리에 귀 기울이고, 섬세하게 표현하는 내 마음의 주인이 될 거예요.

소리 내어 읽기: 달콤해 흐뭇하다

자음 따라 쓰기: 달 콤 해 흐 뭇 하 다

자음 쓰기: ㅏ ㅗ ㅐ ㅡ ㅜ ㅏ ㅏ

모음 따라 쓰기: 달 콤 해 흐 뭇 하 다

모음 쓰기: ㄷㄹ ㅋㅁ ㅎ ㅎ ㅁㅅ ㅎ ㄷ

단어 따라 쓰기: 달 콤 해 흐 뭇 하 다

바르게 도전!: 잘했어!

 월 일

 가장 바르고 예쁘게 쓴 '오늘의 글자'에 빛나는 ⭐ 별 도장을 꾹 찍어 주세요. 축하해요!

| 소리 내어 읽기 | 뿌듯해 상쾌하다 |

| 자음 따라 쓰기 | 뿌 | 듯 | 해 | 상 | 쾌 | 하 | 다 |

| 자음 쓰기 | ㅜ | ㅡ | ㅐ | ㅏ | ㅙ | ㅏ | ㅏ |

| 모음 따라 쓰기 | 뿌 | 듯 | 해 | 상 | 쾌 | 하 | 다 |

| 모음 쓰기 | ㅃ | 듯 | ㅎ | ㅅ | ㅋ | ㅎ | ㄷ |

| 단어 따라 쓰기 | 뿌 | 듯 | 해 | 👍 | 상 | 쾌 | 하 | 다 |

| 예쁘게 도전! | | | | 멋져! | | | | |

예쁜 말
마음 단어 생각 더하기

📙 흐뭇하다: 마음에 들어 매우 만족스럽다.

"엄마는 언제 흐뭇해요?"라고 물어보세요. 엄마가 흐뭇한 순간, 나도 함께 기뻐요!

엄마가 직접 예쁜 글씨로 써 주세요.

| 엄마는 | | | | | | |

| | | | | | (할) 때, |

| 흐 | 뭇 | 해 | . | 🙂 | | | |

📙 상쾌하다: 기분이 시원하고 산뜻하다.

"아빠는 언제 상쾌해요?"라고 물어보세요. 나는 아빠 마음을 얼마나 알까요?

아빠가 직접 바른 글씨로 써 주세요.

| 아빠는 | | | | | | |

| | | | | | (할) 때, |

| 상 | 쾌 | 해 | . | 🍋 | | | |

☐월 ☐일

📕 달콤하다: 편안하고 포근하다.

숙제 없는 날. 뒹굴뒹굴 누워서 만화책만 봤어요.
'아! 달콤해!'

나는 어떨 때 달콤함을 느끼는지 써 보세요.

'	아	!	달	콤	해	. '

📕 뿌듯하다: 기쁘고 감격스러운 마음이 가득하다.

매일 글씨 쓰기 연습을 열심히 했더니. 선생님께서 글씨가 예뻐졌다고 칭찬해 주셨어요.
'정말 뿌듯해!'

나는 어떨 때 뿌듯함을 느끼는지 써 보세요.

'	정	말	뿌	듯	해 . '

바른 글씨 — 희망 단어 쓰기

오늘은 나의 희망을 써 볼 거예요.

'희망'은 '어떤 일을 이루거나 하기를 바란다'는 뜻이에요.

이루고 싶은 것, 하고 싶은 것을 모두 담아 상상의 나래를 마음껏 펼쳐 보세요.

소리 내어 읽기	꿈　기대　희망

자음 따라 쓰기	꿈　기 대　희 망
자음 쓰기	ㅜ　ㅣ ㅐ　ㅢ ㅏ
모음 따라 쓰기	꿈　기 대　희 망
모음 쓰기	ㄲㅁ　ㄱ ㄷ　ㅎ ㅁ
단어 따라 쓰기	꿈　기 대　희 망
바르게 도전!	최고야!

58

 월 일

가장 바르고 예쁘게 쓴 '오늘의 글자'에
빛나는 ⭐ 별 도장을 꾹 찍어 주세요. 축하해요!

| 소리 내어 읽기 | 바 라 다   소 원 하 다 |

| 자음 따라 쓰기 | ㅂ ㅏ | ㄹ ㅏ | ㄷ ㅏ | | ㅅ ㅗ | ㅇ ㅝ ㄴ | ㅎ ㅏ | ㄷ ㅏ |

| 자음 쓰기 | ㅏ | ㅏ | ㅏ | | ㅗ | ㅝ | ㅏ | ㅏ |

| 모음 따라 쓰기 | 바 | 라 | 다 | | 소 | 원 | 하 | 다 |

| 모음 쓰기 | ㅂ | ㄹ | ㄷ | | ㅅ | ㅇㄴ | ㅎ | ㄷ |

| 단어 따라 쓰기 | 바 | 라 | 다 | 🍀 | 소 | 원 | 하 | 다 |

| 예쁘게 도전! | | | | 화이팅! | | | | |

희망 단어 생각 더하기

지금은 먼 미래의 꿈같지만, 언젠가는 꼭 이루고 싶은 것들을 떠올려 보아요.
나의 희망을 장소, 음식, 활동, 직업, 인물, 배움 주제별로 가득 담아 볼까요?

✏️ 빈칸 ☐ 은 내 생각으로 자유롭게 채워 넣어요.
✏️ 빈칸에 글자 쓰기가 어려울 때는 말로 표현하거나, 글자 사전(127쪽)을 이용해요.

장소

스위스	가고 싶어요.
	가고 싶어요.

음식

퐁뒤	먹고 싶어요.
	먹고 싶어요.

활동

번지 점프	하고 싶어요.
	하고 싶어요.

☐월 ☐일

직업

| 축구 선수 | 되고 싶어요. |
| | 되고 싶어요. |

인물

| 손흥민 | 만나고 싶어요. |
| | 만나고 싶어요. |

배움

| 축구 잘하는 법 | 배우고 싶어요. |
| | 배우고 싶어요. |

나의 희망들을 연결해서 즐거운 상상에 퐁당 빠져 보세요.

☁ 즐거운 상상 20살 겨울. 스위스로 떠난 여행에서 퐁뒤도 먹고 번지 점프도 했어요.
☁ 즐거운 상상 손흥민에게 축구 잘하는 법을 배워서 세계 최고의 축구 선수가 되었어요.

나의 즐거운 상상   ?   (머릿속에 떠올리고 가족에게 소개해요.)

바른 글씨 — 미덕의 보석 쓰기

오늘은 미덕의 보석을 써 볼 거예요.

미덕은 아름답고 너그러운 마음과 행동이에요. 64쪽에서 '미덕의 뜻과 미덕 실천 문장'을 미리 읽어 본 후 따라 쓰면 이해하기 더 쉬울 거예요.

| 소리 내어 읽기 | 격 려 | 끈 기 | 배 려 |

자음 따라 쓰기: 격 려　끈 기　배 려

자음 쓰기: ㄱ ㄹ　ㄲ ㄱ　ㅂ ㄹ

모음 따라 쓰기: 격 려　끈 기　배 려

모음 쓰기: ㅕ ㅕ　ㅡ ㅣ　ㅐ ㅕ

단어 따라 쓰기: 격 려　끈 기　배 려

바르게 도전!: (할 수 있어!)

가장 바르고 예쁘게 쓴 '오늘의 글자'에 빛나는 별 도장을 꾹 찍어 주세요. 축하해요!

| 소리 내어 읽기 | 예 의 유 머   정 리 |

자음 따라 쓰기	예	의	유	머	정	리
자음 쓰기	ㅖ	ㅢ	ㅠ	ㅓ	ㅓ	ㅣ
모음 따라 쓰기	예	의	유	머	정	리
모음 쓰기	ㅇ	ㅇ	ㅇ	ㅁ	ㅈㅇ	ㄹ
단어 따라 쓰기	예	의	유	머	정	리
예쁘게 도전!		잘했어!				

미덕의 보석 생각 더하기

미덕의 뜻을 알고 생활 속에서 작은 실천을 이어 가면 보석처럼 빛나는 사람이 될 거예요.
미덕의 뜻과 미덕 실천 문장을 소리 내어 또박또박 읽어 보세요.
미덕의 보석을 따라 쓰고, 내가 좋아하는 미덕을 골라 보세요.

미덕	미덕의 뜻	미덕 실천 문장
감사	고맙게 여기는 마음	피곤한데도 보드게임을 함께해 준 부모님께 감사하다.
격려	용기가 생길 수 있게 응원해 주는 것	체육 시간에 친구들이 힘을 낼 수 있게 격려해 주었다.
끈기	끝까지 꾸준히 나아가는 것	수학 문제가 어려웠지만 끈기 있게 끝까지 풀었다.
배려	도와주거나 보살펴 주는 것	팔을 다친 친구를 배려해 급식을 대신 받아 주었다.
예의	귀하게 여겨 바르게 행동하는 것	선생님께 예의 바르게 인사했다.
유머	말이나 행동으로 남을 웃게 하는 것	재미있는 유머로 친구들에게 웃음을 주었다.
정리	흐트러진 것을 모으거나 치우는 것	책상 서랍과 사물함을 깨끗하게 정리하였다.

누구나 미덕의 보석을 가지고 있어요.
하지만 미덕의 보석을 발견하는 예쁜 눈과 마음은 아무나 가지고 있지 않답니다.
나에게 반짝반짝 빛나는 미덕은 무엇인가요?

나	에	게		가	장		빛	나	는
미	덕	은			입	니	다	.	

우리 가족에게 빛나는 미덕을 찾아 칭찬해 주세요.

		에	게		가	장		빛	나	는
미	덕	은			입	니	다	.		

		에	게		가	장		빛	나	는
미	덕	은			입	니	다	.		

친구, 선생님, 이웃에게 빛나는 미덕을 찾아 칭찬해 주세요.

			(은/는)					의
미	덕	이		반	짝		빛	나	요	.

바른 글씨 — 감사하는 말 쓰기

오늘은 감사하는 말을 써 볼 거예요.
가장 가까이에서 늘 우리를 아껴 주는 고마운 가족을 떠올려 보세요.
당연하다고 생각하는 일들 속에도 감사함이 숨어 있어요.

| 소리 내어 읽기 | 정 말 감 사 합 니 다 |

자음 따라 쓰기: 정 말 감 사 합 니 다

자음 쓰기: ㅓ ㅏ ㅏ ㅏ ㅣ ㅏ

모음 따라 쓰기: 정 말 감 사 합 니 다

모음 쓰기: ㅈㅇ ㅁㄹ ㄱㅁ ㅅ ㅎㅂ ㄴ ㄷ

단어 따라 쓰기: 정 말 💗 감 사 합 니 다

바르게 도전!: (훌륭해!)

 ☐월 ☐일

 가장 바르고 예쁘게 쓴 '오늘의 글자'에 빛나는 ⭐ 별 도장을 꾹 찍어 주세요. 축하해요!

소리 내어 읽기: 항상 고맙습니다

자음 따라 쓰기: 항 상 　 고 맙 습 니 다

자음 쓰기: ㅏ ㅏ 　 ㅗ ㅏ ㅡ ㅣ ㅏ

모음 따라 쓰기: 항 상 　 고 맙 습 니 다

모음 쓰기: ㅎ ㅅ 　 ㄱ ㅁ ㅅ ㄴ ㄷ

단어 따라 쓰기: 항 상 👍 고 맙 습 니 다

예쁘게 도전! (최고야! 📏)

감사하는 말 생각 더하기

주는 사람도 받는 사람도 마음이 따뜻해지는 마법 같은 한마디를 아세요?

바로 　덕　분　에　 랍니다.

우리 가족이 서로를 위해 해 준 크고 작은 감사한 일들을 찾아보세요.
그리고 이렇게 말해 보세요.

　고　맙　습　니　다　.　　　　
　우　리　　가　족　　덕　분　이　에　요　.

내가 전한 "덕분에" 속에 담긴 따뜻한 마음은 더 큰 사랑이 되어 나에게 돌아온답니다.

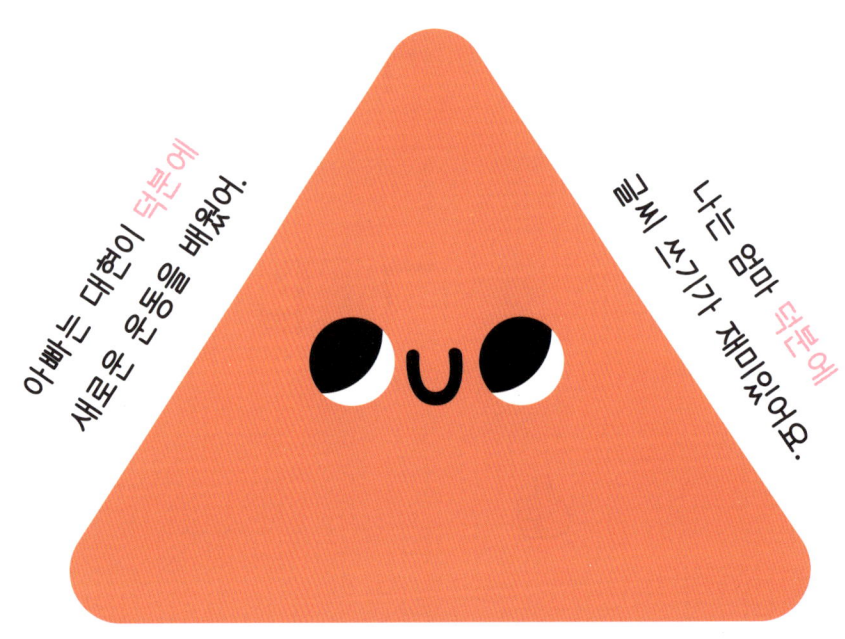

엄마는 아빠 덕분에 편하게 마트에 다녀왔어.

🖍 빈칸 ☐ 은 내 생각으로 자유롭게 채워 넣어요.

🖍 빈칸에 글자 쓰기가 어려울 때는 말로 표현하거나, 글자 사전(127쪽)을 이용해요.

| 우리 가족 🎀 덕분에 릴레이 |

| 나 | 는 | | 엄 | 마 | | 덕 | 분 | 에 | |

엄마가 예쁜 글씨로 직접 써 주세요.

| 엄 | 마 | 는 | | 아 | 빠 | | 덕 | 분 | 에 |

아빠가 바른 글씨로 직접 써 주세요.

| 아 | 빠 | 는 | | | | | 덕 | 분 | 에 |

# 꽃 이름 쓰기

오늘은 꽃 이름을 써 볼 거예요.

꽃은 우리의 마음을 아름답고 향기롭게 만들어 주는 특별한 생명이에요.

예쁜 꽃 이름을 따라 쓰며 향기 가득한 하루를 만들어 볼까요?

소리 내어 읽기	개 나 리 프 리 지 어
자음 따라 쓰기	개 나 리 프 리 지 어
자음 쓰기	ㅐ ㅏ ㅣ ㅡ ㅣ ㅣ ㅓ
모음 따라 쓰기	개 나 리 프 리 지 어
모음 쓰기	ㄱ ㄴ ㄹ ㅍ ㄹ ㅈ ㅇ
단어 따라 쓰기	개 나 리 🌼 프 리 지 어
바르게 도전!	아주 좋아!

 월 일

 가장 바르고 예쁘게 쓴 '오늘의 글자'에 빛나는 ⭐ 별 도장을 꾹 찍어 주세요. 축하해요!

| 소리 내어 읽기 | 장미 수련 튤립 |

자음 따라 쓰기	장	미	수	련	튤	립
자음 쓰기	ㅏ	ㅣ	ㅜ	ㅕ	ㅠ	ㅣ
모음 따라 쓰기	장	미	수	련	틀	립
모음 쓰기	ㅈㅇ	ㅁ	ㅅ	ㄹㄴ	ㅌㄹ	ㄹㅂ
단어 따라 쓰기	장	미	수	련	튤	립
예쁘게 도전!			대단해!		👏	

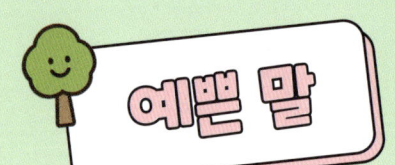

꽃 이름 생각 더하기

예쁜 꽃 이름 월드컵을 시작할게요.

둘 중 어느 꽃 이름이 더 예쁜가요? 예쁜 꽃 이름을 골라 써 보세요. 어느 꽃이 우승할지 궁금하네요.

| 나팔꽃 | 선택은? ⇩ | 달맞이꽃 |

1.

| 벚꽃 | 선택은? ⇩ | 은방울꽃 |

2.

| 진달래 | 선택은? ⇩ | 초롱꽃 |

3.

| 코스모스 | 선택은? ⇩ | 해바라기 |

4.

예쁜 꽃 이름 월드컵 준결승   옆에서 선택한 꽃 이름을 번호에 맞게 써 주세요.

1 □□□□   선택은? ↓   2 □□□□

5 □□□□

3 □□□□   선택은? ↓   4 □□□□

6 □□□□

예쁜 꽃 이름 월드컵 결승   위에서 선택한 꽃 이름을 번호에 맞게 써 주세요.

5 □□□□   선택은? ↓   6 □□□□

| 예 | 쁜 | | 꽃 | | 이 | 름 | | 우 | 승 | 은 |

□□□□□□□ 입 니 다 .

축 하 합 니 다 .

바른 글씨 — 동물 이름 쓰기

오늘은 동물 이름을 써 볼 거예요.
그림책과 사진으로는 봤지만, 아직은 만나지 못한 동물들이 참 많아요.
직접 볼 수 있다면, 만질 수 있다면, 같이 살 수 있다면 얼마나 신기하고 좋을까요?

소리 내어 읽기: 곰   낙타   두더지

자음 따라 쓰기: 곰   낙타   두더지

자음 쓰기: ㅗ   ㅏ ㅏ   ㅜ ㅓ ㅣ

모음 따라 쓰기: 곰   낙타   두더지

모음 쓰기: ㄱㅁ   ㄴㄱ ㅌ   ㄷ ㄷ ㅈ

단어 따라 쓰기: 곰   낙타   두더지

바르게 도전!: 🧸 ✏️ 할 수 있어!

 월 일

 가장 바르고 예쁘게 쓴 '오늘의 글자'에
빛나는 ⭐ 별 도장을 꾹 찍어 주세요. 축하해요!

| 소리 내어 읽기 | 소 | 오 리 | 파 랑 새 |

| 자음 따라 쓰기 | 소 | 오 | 리 | 파 | 랑 | 새 |

| 자음 쓰기 | ㅗ | ㅗ | ㅣ | ㅏ | ㅏ | ㅐ |

| 모음 따라 쓰기 | 소 | 오 | 리 | 파 | 랑 | 새 |

| 모음 쓰기 | ㅅ | ㅇ | ㄹ | ㅍ | ㅇㅇ | ㅅ |

| 단어 따라 쓰기 | 소 | 오 | 리 | 파 | 랑 | 새 |

| 예쁘게 도전! | | 훌륭해! | | | | |

75

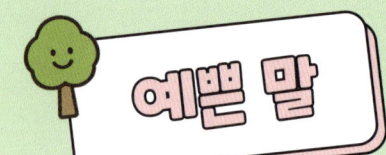 **동물 이름 생각 더하기**

주어진 자음으로 시작하는 동물 이름을 찾아볼까요?
가족과 머리를 맞대고 생각을 모아도 좋아요!

이름과 이름 사이에는 쉼표를 , 꼭 써 주세요.

ㄱ	곰,
ㄴ	낙타,
ㄷ	두더지,
ㅅ	소,
ㅇ	오리,
ㅍ	파랑새,
ㅋ	카멜레온,
ㅎ	하이에나,

내가 가장 좋아하는 동물을 떠올리고, 그 동물과 관련된 단어들을 모아 보세요.

좋아하는 동물 쓰기

| 내 | 가 | | 가 | 장 | | 좋 | 아 | 하 | 는 |

| 동 | 물 | 은 | | 공 룡 | | 입 | 니 | 다 | . |

떠오르는 단어 모으기

티라노사우루스   화석
쿵쾅쿵쾅   크다

좋아하는 동물 쓰기

| 내 | 가 | | 가 | 장 | | 좋 | 아 | 하 | 는 |

| 동 | 물 | 은 | | | | 입 | 니 | 다 | . |

떠오르는 단어 모으기

바른 글씨 — 계절 이름 쓰기

오늘은 계절 이름을 써 볼 거예요.

우리나라에는 봄, 여름, 가을, 겨울, 아름다운 사계절이 있어요.

돌고 도는 사계절의 매력을 모두 느낄 수 있다는 건 정말 행운이에요!

소리 내어 읽기	봄 여름 가을 겨울

자음 따라 쓰기	봄	여	름	가	을	겨	울
자음 쓰기	ㅗ	ㅕ	ㅡ	ㅏ	ㅡ	ㅕ	ㅜ
모음 따라 쓰기	봄	어	름	가	을	겨	울
모음 쓰기	ㅂㅁ	ㅇ	ㄹㅁ	ㄱ	ㅇㄹ	ㄱ	ㅇㄹ
단어 따라 쓰기	봄	여	름	💗	가	을	겨	울
바르게 도전!				할 수 있어! 📏			

 가장 바르고 예쁘게 쓴 '오늘의 글자'에 빛나는 ⭐ 별 도장을 꾹 찍어 주세요. 축하해요!

| 소리 내어 읽기 | 아름다운 사계절 |

자음 따라 쓰기	아 름 다 운	사 계 절
자음 쓰기	ㅏ ㅡ ㅏ ㅜ	ㅏ ㅖ ㅓ
모음 따라 쓰기	아 름 다 운	사 계 절
모음 쓰기	ㅇ ㄹ ㄷ ㅇ	ㅅ ㄱ ㅈ
단어 따라 쓰기	아 름 다 운	사 계 절
예쁘게 도전!		

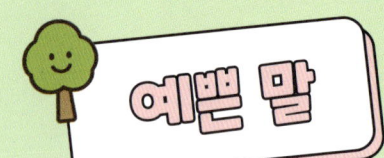

계절 이름 생각 더하기

계절의 특징과 나의 경험을 떠올리며 어울리는 단어를 써 보세요.
계절을 대표하는 날씨, 색깔, 음식, 행사, 무엇이든 좋아요.

따	뜻	해		
벚	꽃			
		봄		

수	박			
물	놀	이		
	여	름		

	가	을		
운	동	회		
울	긋	불	긋	

겨	울			
고	드	름		
크	리	스	마	스

 월 일

봄, 여름, 가을, 겨울, 사계절은 저마다 다른 매력으로 우리를 설레게 해요.
내가 좋아하는 계절을 두 개 고르고, 그 계절이 되면 꼭 하고 싶은 일과 기대되는 일들을 떠올려 보세요.

난 겨울이 가장 좋아!
겨울이 되면 새하얀 눈 오리 만들고 싶어.

여러분은 어느 계절이 좋아요? 그 계절이 되면 무엇을 하고 싶어요?

- 빈칸 ☐ 은 내 생각으로 자유롭게 채워 넣어요.
- 빈칸에 글자 쓰기가 어려울 때는 말로 표현하거나, 글자 사전(127쪽)을 이용해요.

| 난 | | 이 | 가장 | 좋아 | ! |

| | 이 | 되면 |

| | 싶어 | . |

| 나 | 는 | | 도 | 좋아 | ! |

| | 이 | 되면 |

| | 싶어 | . |

바른 글씨 — 자연 이름 쓰기

오늘은 자연 이름을 써 볼 거예요.
사람들은 '자연' 하면 이런 단어가 떠오른대요.
'편안하다, 푸르다, 싱그럽다, 아름답다, 여행하다, 지키다, 보호하다, 소중하다.'

| 소리 내어 읽기 | 산　열매　이파리 |

| 자음 따라 쓰기 | 산 | 열 매 | 이 파 리 |

| 자음 쓰기 | ㅏ | ㅕ ㅐ | ㅣ ㅏ ㅣ |

| 모음 따라 쓰기 | 산 | 열 매 | 이 파 리 |

| 모음 쓰기 | ㅅㄴ | ㅇㄹ ㅁ | ㅇ ㅍ ㄹ |

| 단어 따라 쓰기 | 산 | 열 매 | 이 파 리 |

| 바르게 도전! | 할 수 있어! | | |

82

 월 일

 가장 바르고 예쁘게 쓴 '오늘의 글자'에
빛나는 ⭐ 별 도장을 꾹 찍어 주세요. 축하해요!

소리 내어 읽기	숲 바람 겨울눈

자음 따라 쓰기	숲	바 람	겨 울 눈

자음 쓰기	ㅜ	ㅏ ㅏ	ㅕ ㅜ ㅜ

모음 따라 쓰기	숲	바 람	겨 울 눈

모음 쓰기	ㅅㅍ	ㅂ ㄹㅁ	ㄱ ㅇㄹ ㄴ

단어 따라 쓰기	숲	바 람	겨 울 눈

예쁘게 도전!		화이팅!		☃		

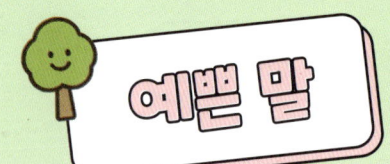 **자연 이름 생각 더하기**

그림에 어울리는 자연 이름을 찾아 써 보세요.

비 온 뒤, 구름 사이로 빛나는 것은 무엇일까요? 어두운 밤, 우리를 비춰 주는 것은 무엇일까요? 봄이면 파릇파릇 돋아나는 것의 이름도 떠올려 보세요.

비

구름

흙

| 월 | 일 |

보기

물 흙 해 땅 달 별 숲 강 꽃 산 비 눈 잎 섬
구름 바다 나무 하늘 지구 생명 새싹 열매 호수 햇빛 햇살 바람
연못 초원 바위 풍경 무지개 겨울눈 이파리

아래의 단어와 가장 잘 어울리는 자연 이름을 보기 에서 찾아 빈칸을 채워 보세요.
보기 에 없는 자연 이름을 스스로 떠올려도 좋아요.

| 푸 | 르 | 른 | | | | |

| 아 | 름 | 다 | 운 | | | |

| 싱 | 그 | 러 | 운 | | | |

| 지 | 켜 | | 주 | 고 | | 싶 | 은 | |

| | | 을/를 | 가 | 꿉 | 시 | 다 | . |

| | | 은/는 | 소 | 중 | 해 | 요 | . |

| | | 을/를 | 보 | 호 | 하 | 자 | . |

다섯 글자 쓰기

바른 글씨

오늘은 다섯 글자 예쁜 말을 써 볼 거예요.
'난 네가 좋아.', '넌 정말 멋져!' 나는 이런 예쁜 말을 들어 본 적이 있나요?
누군가에게 해 준 적이 있나요? 손가락으로 세어 보며 다섯 글자 진심을 전해 보세요.

 월 일

가장 바르고 예쁘게 쓴 '오늘의 글자'에
빛나는 별 도장을 꾹 찍어 주세요. 축하해요!

| 소리 내어 읽기 | ☆ 노력할게요 ☆ |

자음 따라 쓰기	☆ 노 력 할 게 요 ☆
자음 쓰기	ㄴ ㄹ ㅎ ㄱ ㅇ
모음 따라 쓰기	☆ 노 력 할 게 요 ☆
모음 쓰기	ㅗ ㅕ ㅏ ㅔ ㅛ
단어 따라 쓰기	☆ 노 력 할 게 요 ☆ 화이팅!
예쁘게 도전!	

 다섯 글자 생각 더하기

노랫말 속에 담겨 있는 '다섯 글자 예쁜 말'을 찾아보세요.

<다섯 글자 예쁜 말>
한 손만으로도 세어 볼 수 있는
아름다운 말 정겨운 말
한 손만으로도 세어 볼 수 있는
다섯 글자 예쁜 말
사랑합니다 고맙습니다
감사합니다 안녕하세요
아름다워요 노력할게요
마음의 약속 꼭 지켜 볼래요
한 손만으로도 세어 볼 수 있는
다섯 글자 예쁜 말

노래 듣기

뒤죽박죽 섞여 있는 다섯 글자 예쁜 말을 바른 순서로 써 보세요.

뒤죽박죽	바른 순서
합 감 다 니 사 ⇨	감 □ □ □ □
하 요 안 세 녕 ⇨	□ 녕 □ □ □
다 맙 니 습 고 ⇨	□ □ 습 □ □
워 다 름 요 아 ⇨	□ □ □ □ 워

88

□월 □일

다음의 다섯 글자 예쁜 말을 누구에게 전하고 싶은가요?

| 엄마, 아빠, | 사 | 랑 | 합 | 니 | 다 | . |

|　　　　　，| 넌 | 할 | 수 | 있 | 어 | . |

|　　　　　，| 보 | 고 | 싶 | 어 | 요 | . |

|　　　　　，| 함 | 께 | 놀 | 아 | 요 | . |

나만의 다섯 글자 예쁜 말을 만들어 소중한 사람에게 전해 주세요.

내가 들었던 다섯 글자 예쁜 말을 써도 좋아요! 띄어쓰기는 신경 쓰지 않아도 돼요.

바른 글씨 — 토박이말 쓰기

오늘은 토박이말을 써 볼 거예요.

우리말에 처음부터 있던 말을 토박이말이라고 해요.

쓰면 쓸수록 정겨운 토박이말을 알고, 그 매력에 흠뻑 빠져 봐요.

소리 내어 읽기	너울 윤슬 쪽빛

자음 따라 쓰기	너	울	윤	슬	쪽	빛
자음 쓰기	ㅓ	ㅜ	ㅠ	ㅡ	ㅗ	ㅣ
모음 따라 쓰기	너	울	윤	슬	쪽	빛
모음 쓰기	ㄴ	을	은	슬	쪽	빛
단어 따라 쓰기	너	울	윤	슬	쪽	빛
바르게 도전!			잘했어!		👑	

 월 일

 가장 바르고 예쁘게 쓴 '오늘의 글자'에
빛나는 ⭐ 별 도장을 꾹 찍어 주세요. 축하해요!

소리 내어 읽기 새우잠 주전부리

자음 따라 쓰기 | ㅐ | ㅜ | ㅏ | ㅜ | ㅓ | ㅜ | ㅣ

자음 쓰기 | ㅐ | ㅜ | ㅏ | ㅜ | ㅓ | ㅜ | ㅣ

모음 따라 쓰기 | 새 | 우 | 잠 | 주 | 전 | 부 | 리

모음 쓰기 | ㅅ | ㅇ | ㅈㅁ | ㅈ | ㅈㄴ | ㅂ | ㄹ

단어 따라 쓰기 | 새 | 우 | 잠 | 🍔 | 주 | 전 | 부 | 리

예쁘게 도전! 화이팅!

토박이말 생각 더하기

사다리를 타고 내려가면 토박이말의 뜻을 알 수 있어요.
토박이말을 바르게 따라 쓰며 머리와 마음속에도 간직해 주세요.

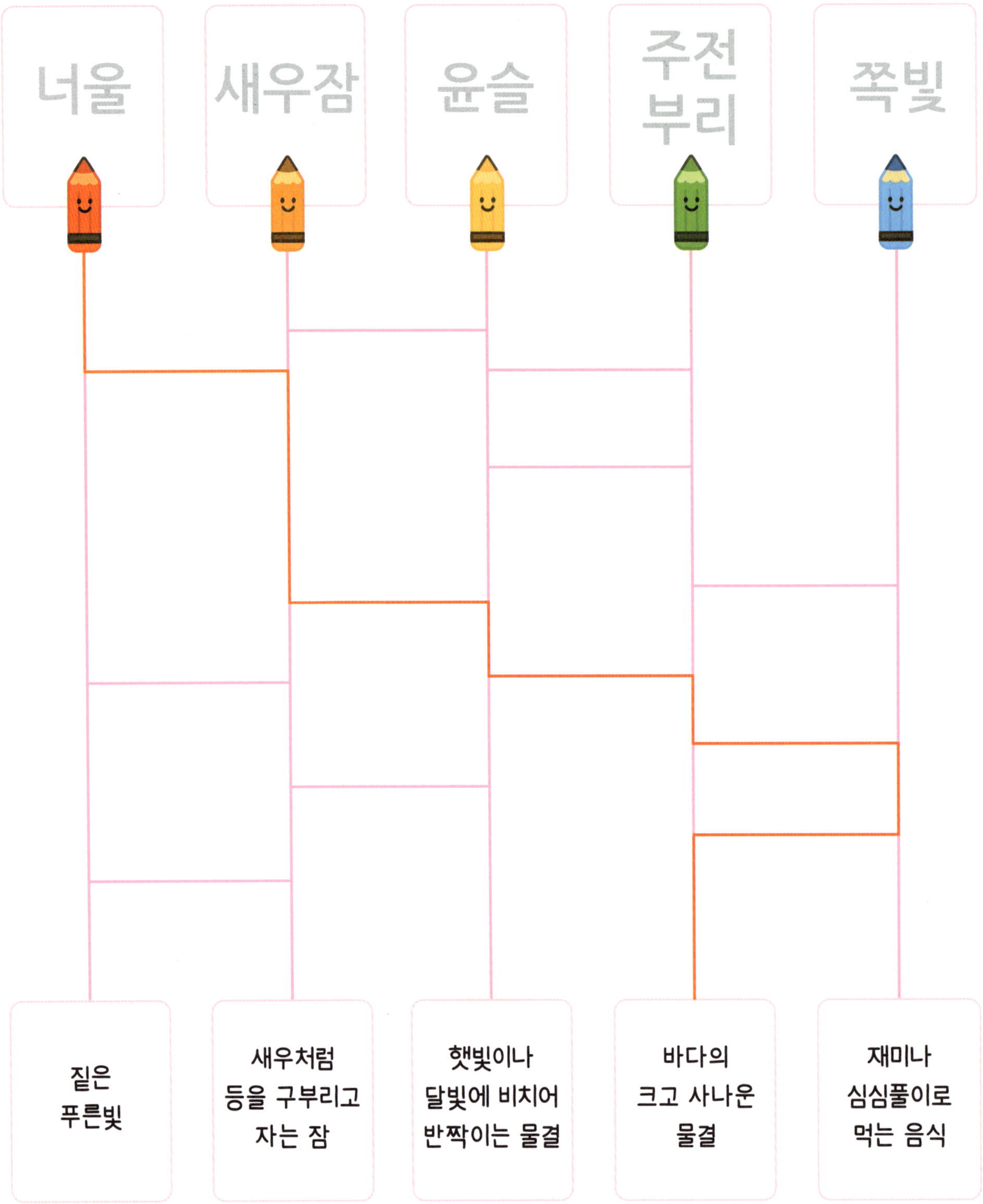

너울	새우잠	윤슬	주전부리	쪽빛
짙은 푸른빛	새우처럼 등을 구부리고 자는 잠	햇빛이나 달빛에 비치어 반짝이는 물결	바다의 크고 사나운 물결	재미나 심심풀이로 먹는 음식

◯월 ◯일

예시 처럼 토박이말 글자를 중심으로 새로운 단어를 펼쳐 보세요.

예시 1 오솔길 : 폭이 좁은 고요한 길

바		
오	솔	길
밥	직	이
나	하	
무	다	

예시 2 까치발 : 발뒤꿈치를 든 발

		꽃
	양	다
까	치	발
마	질	
귀		

한 글자씩 천천히 읽어 보고, 그 글자가 들어가는 또 다른 단어를 떠올려 보세요.
가족과 함께 도전해 보고 서로의 생각을 비교하면 더욱 재미있어요.

새	우	잠	👍

주	전	부	리

바른 글씨 — 듣고 싶은 말 쓰기

오늘은 듣고 싶은 말을 써 볼 거예요.

고운 말, 따뜻한 말을 주고받으면 너와 나의 얼굴에 환한 웃음꽃이 피어나지요.

듣고 싶은 말을 들려주세요. 귀를 쫑긋하고 기다릴게요.

| 소리 내어 읽기 | 어제보다 사랑해 |

| 자음 따라 쓰기 | 어 | 제 | 보 | 다 | | 사 | 랑 | 해 |

| 자음 쓰기 | ㅓ | ㅔ | ㅗ | ㅏ | | ㅏ | ㅏ | ㅐ |

| 모음 따라 쓰기 | 어 | 제 | 보 | 다 | | 사 | 랑 | 해 |

| 모음 쓰기 | ㅇ | ㅈ | ㅂ | ㄷ | | ㅅ | ㄹ | ㅎ |

| 단어 따라 쓰기 | 어 | 제 | 보 | 다 | 💗 | 사 | 랑 | 해 |

| 바르게 도전! | | | | | 화이팅! | | | |

◯월 ◯일

 가장 바르고 예쁘게 쓴 '오늘의 글자'에 빛나는 ⭐ 별 도장을 꾹 찍어 주세요. 축하해요!

| 소리 내어 읽기 | 우리 같이 놀자 |

자음 따라 쓰기	우	리	같	이	놀	자
자음 쓰기	ㅜ	ㅣ	ㅏ	ㅣ	ㅗ	ㅏ
모음 따라 쓰기	우	리	같	이	놀	자
모음 쓰기	ㅇ	ㄹ	ㄱㅌ	ㅇ	ㄴㄹ	ㅈ
단어 따라 쓰기	우	리	같	이	놀	자
예쁘게 도전!			할 수 있어!			

예쁜 말 듣고 싶은 말 생각 더하기

내가 평소에 주위 사람들에게 듣고 싶은 말로 말풍선을 가득 채워 보세요.
말풍선 안에 예쁘게 쏙 들어가도록 글씨 크기도 조절해 보세요.
"엄마, 아빠, 선생님, 친구들, 저는 이런 말이 듣고 싶어요."

- 빈칸 ☐ 은 내 생각으로 자유롭게 채워 넣어요.
- 빈칸에 글자 쓰기가 어려울 때는 말로 표현하거나, 글자 사전(127쪽)을 이용해요.

정말
잘했어

너랑 있으면
즐거워

 ☐월 ☐일

"아빠, 엄마, 선생님, 친구들, 저도 기분 좋은 말 한마디 전하고 싶어요.
제 마음도 받아 주세요."

힘내세요
화이팅!

너는
좋은 친구야

바른 글씨 - 힘을 주는 말 쓰기

오늘은 힘을 주는 말을 써 볼 거예요.
걱정이 많을 때, 힘들고 아플 때, 두렵고 속상한 마음을 토닥여 줄 응원의 말들이지요.
용기가 쑥쑥, 자신감이 불끈 솟아나는 마법 같은 말들을 주고받아요.

| 소리 내어 읽기 | 넌 할 수 있어 |

| 자음 따라 쓰기 | 넌 | 할 | 수 | 있어 |

| 자음 쓰기 | ㅓ | ㅏ | ㅜ | ㅣㅓ |

| 모음 따라 쓰기 | 넌 | 할 | 수 | 있어 |

| 모음 쓰기 | ㄴ | ㅎㄹ | ㅅ | ㅆㅇ |

| 단어 따라 쓰기 | 넌 | 할 | 수 | 있어 |

| 바르게 도전! | | | 대단해! | ♥ |

 ☐월 ☐일

 가장 바르고 예쁘게 쓴 '오늘의 글자'에 빛나는 ⭐ 별 도장을 꾹 찍어 주세요. 축하해요!

| 소리 내어 읽기 | 실수해도 괜찮아 |

자음 따라 쓰기	실	수	해	도	괜	찮	아
자음 쓰기	ㅣ	ㅜ	ㅐ	ㅗ		ㅙ	ㅏ	ㅏ
모음 따라 쓰기	실	수	해	도	괜	찮	아
모음 쓰기	ㅅㄹ	ㅅ	ㅎ	ㄷ		ㄱㄴ	ㅊㅎ	ㅇ
단어 따라 쓰기	실	수	해	도	👍	괜	찮	아
예쁘게 도전!					화이팅!			

99

힘을 주는 말 생각 더하기

아삭 베어 물면 응원의 말이 나오는 쿠키를 먹어 본 적 있나요?
고민과 걱정을 훌훌 날려 버릴 나만의 응원 쿠키를 만들어 보아요.
쿠키 속에 어떤 응원의 말들이 담겨 있으면 좋을까요?
나에게 힘을 주는 말 Best 3를 　보기　 에서 골라 주세요.

보기

너는 소중한 사람이야.　　　　충분히 잘하고 있어.

너는 분명 잘 해낼 거야.　　　결과보다 과정이 중요해.

우린 항상 네 편이야.　　　　나는 너를 믿어.

너처럼 나도 그래.　　　　　너에겐 이겨 낼 힘이 있어.

네 탓이 아니야.　　　　　　너는 매일 자라고 있어.

많이 힘들었겠네.　　　　　함께 방법을 찾아보자.

1.

2.

3.

☐월 ☐일

기쁨은 나누면 배가 되고, 슬픔은 나누면 반이 된대요.
우리 함께 고민을 나누고 든든하게 응원해 주기로 해요.

나는 요즘 이런 고민이 있어요.

새로운 친구를 사귀는 게 어려워요.

나를 위한 응원 쪽지를 써 보세요.

고민이나 걱정이 있다면 써 보세요.
솔직하게 이야기하는 것만으로도 마음이 가벼워질 거예요.

가족 중 한 사람에게 이렇게 말해 보세요.
"저의 걱정을 읽고 따뜻한 응원의 한마디를 해 주세요. 그러면 힘과 용기가 생길 거예요."

바른 글씨 — 책 제목 쓰기

오늘은 책 제목을 써 볼 거예요.
재미있어서 두 번, 세 번 읽은 책, 나랑 닮은 주인공이 나오는 책, 그림이 마음에 쏙 드는 책, 작가님을 만나 보고 싶은 책, 다음 이야기가 기대되는 책까지 모두 떠올려 봐요.

소리 내어 읽기	바른글씨 예쁜말
자음 따라 쓰기	바 른 글 씨 예 쁜 말
자음 쓰기	ㅏ ㅡ ㅡ ㅣ ㅖ ㅡ ㅏ
모음 따라 쓰기	바 른 글 씨 ㅇ 쁜 말
모음 쓰기	ㅂ ㄹ ㄱㄹ ㅆ ㅇ ㅃ ㅁ
단어 따라 쓰기	바 른 글 씨 🎀 예 쁜 말
바르게 도전!	(할 수 있어!)

 가장 바르고 예쁘게 쓴 '오늘의 글자'에 빛나는 ⭐ 별 도장을 꾹 찍어 주세요. 축하해요!

소리 내어 읽기: 난 책이 좋아요

자음 따라 쓰기	난		책	이		좋	아	요
자음 쓰기	ㅏ		ㅐ	ㅣ		ㅗ	ㅏ	ㅛ
모음 따라 쓰기	ㄴ		ㅊㄱ	ㅇ		ㅈㅎ	ㅇ	ㅇ
모음 쓰기	ㄴ		ㅊㄱ	ㅇ		ㅈㅎ	ㅇ	ㅇ
단어 따라 쓰기	난		책	이	❤1	좋	아	요
예쁘게 도전!					화이팅!			

 # 책 제목 생각 더하기

1. 우리 집에 있는 책 제목으로 피라미드를 완성해요.
2. 피라미드 속 책 중에서 읽고 싶은 책 한 권을 골라 가장 편안한 공간으로 이동해요.
3. 고른 책을 재미있게 뚝딱 읽어요. 맛있는 간식과 함께하면 더욱 좋아요!

			선			
		친	구			
	알	사	탕			
이	파	라	파	냐	무	냐	무

◯월 ◯일

4. 오늘 어떤 책을 읽었나요? 오늘 읽은 책을 추천하고 싶은 가족이나 친구를 떠올려 봐요.

내가 오늘 읽은 책은 알사탕이에요.
이 책을 내 친구 서아에게 추천하고 싶어요.
왜냐하면 서아는 누구의 마음이 가장 듣고 싶은지 궁금하기 때문이에요.

✏️ 빈칸 ▭ 은 내 생각으로 자유롭게 채워 넣어요.
✏️ 빈칸에 글자 쓰기가 어려울 때는 말로 표현하거나, 글자 사전(127쪽)을 이용해요.

| 내 | 가 | | 오 | 늘 | | 읽 | 은 | | 책 | 은 |

| | | | | | | | | (이) | 에 | 요 | . |

| 이 | | 책 | 을 | | | | | | | 에 | 게 |

| 추 | 천 | 하 | 고 | | 싶 | 어 | 요 | . |

| 왜 | 냐 | 하 | 면 | | | | | | |

| | | | | | | 때 | 문 | 이 | 에 | 요 | . |

105

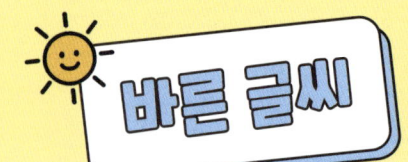

흉내 내는 말 쓰기

오늘은 흉내 내는 말을 써 볼 거예요.

우리는 깔깔거리면서 웃기도 하고, 쿵쾅쿵쾅하면서 뛰어다니기도 하죠.

'깔깔', '쿵쾅쿵쾅'이 흉내 내는 말이에요. 흉내 내는 말을 넣어 표현하면 더 재미있고 생생해져요.

소리 내어 읽기	사르르 도란도란

자음 따라 쓰기: 사 르 르   도 란 도 란

자음 쓰기: ㅏ ㅡ ㅡ   ㅗ ㅏ ㅗ ㅏ

모음 따라 쓰기: 사 르 르   도 란 도 란

모음 쓰기: ㅅ ㄹ ㄹ   ㄷ ㄹ ㄷ ㄹ

단어 따라 쓰기: 사 르 르   도 란 도 란

바르게 도전!: 할 수 있어!

 가장 바르고 예쁘게 쓴 '오늘의 글자'에 빛나는 ⭐ 별 도장을 꾹 찍어 주세요. 축하해요!

| 소리 내어 읽기 | 룰 루 랄 라 방 긋 |

자음 따라 쓰기	룰	루	랄	라		방	긋	
자음 쓰기	ㅜ	ㅜ	ㅏ	ㅏ		ㅏ	ㅡ	
모음 따라 쓰기	룰	루	랄	라		방	긋	
모음 쓰기	ㄹ	ㄹ	ㄹ	ㄹ		ㅂㅇ	ㄱㅅ	
단어 따라 쓰기	룰	루	랄	라	🎵	방	긋	
예쁘게 도전!					화이팅!			

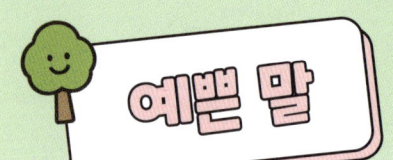

흉내 내는 말 생각 더하기

우리가 좋아하는 그림책, 동화책, 동시 속에는 다양한 흉내 내는 말이 나와요.
작가들은 모양이나 소리를 흉내 내는 말을 넣어 더 실감 나고 재미있는 문장을 만들지요.

| 룰 | 루 | 랄 | 라 | 는 흥겹거나 신나서 흥얼거리는 소리나 모양이에요.

예시 작가처럼 해 봐요. 이렇게!

1. 지원이와 짝꿍이 되다니!

룰루랄라 콧노래가 절로 났어.

2. 드디어 방학이야.

룰루랄라 신나는 내 마음!

흉내 내는 말 '룰루랄라'를 넣어 나만의 문장을 만들어 보아요.

✏️ 빈칸 ☐ 은 내 생각으로 자유롭게 채워 넣어요.
✏️ 빈칸에 글자 쓰기가 어려울 때는 말로 표현하거나, 글자 사전(127쪽)을 이용해요.

사르르 는 저절로 살살 풀리거나 녹는 모양이에요.

예시 작가처럼 해 봐요. 이렇게!

1. 선생님의 미소에 새 학기의

긴장이 사르르 풀렸어.

2. 친구의 한마디에 꽁꽁 얼었던

마음이 사르르 녹아내렸다.

흉내 내는 말 '사르르'를 넣어 나만의 문장을 만들어 보아요.

동시 쓰기

오늘은 동시를 써 볼 거예요. 동시에는 어린이의 마음이 담겨 있어요.
먼저 동시의 분위기를 생각하며 어울리는 목소리로 읽어 보세요.
비슷한 나의 경험과 생각을 떠올리며 읽으면 더욱 재미있어요.

소리 내어 읽기: 내 마음속에는

자음 따라 쓰기: 내 마음속에는

자음 쓰기: ㅐ ㅏ ㅡ ㅗ ㅔ ㅡ

모음 따라 쓰기: 내 마음속에는

모음 쓰기: ㄴ ㅁㅇ ㅅ ㅇ ㄴ

단어 따라 쓰기: 내 마음속에는

할 수 있어!

바르게 도전!

 월 일

가장 바르고 예쁘게 쓴 '오늘의 글자'에
빛나는 별 도장을 꾹 찍어 주세요. 축하해요!

소리 내어 읽기 : 무엇이 있을까?

자음 따라 쓰기 | 무 | 엇 | 이 | | 있 | 을 | 까 | ?

자음 쓰기 | ㅜ | ㅓ | ㅣ | | ㅣ | ㅡ | ㅏ |

모음 따라 쓰기 | 무 | 엇 | 이 | | 있 | 을 | 까 | ?

모음 쓰기 | ㅁ | ㅅ | ㅇ | | ㅆ | ㅇ | ㄲ |

단어 따라 쓰기

화이팅!

예쁘게 도전!

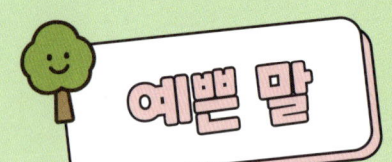 **동시 생각 더하기**

시의 분위기를 생각하며 <있다>를 소리 내어 읽고, 시를 따라 써 보세요.

최명란

땅속에는
고구마도 있고
감자도 있고
땅콩도 있다

내 마음속에는

피자도 있고

라면도 있고

아이스크림도 있다.

1. 지금 내 마음속에 있는 것들을 떠올려 보세요.

    음식, 사람, 물건, 활동, 생각, 무엇이든 좋아요. 먼저 말로 표현해 보세요.

    햄버거, 딸기 케이크, 스파게티, 엄마, 동생, 팽이, 태권도, 놀고 싶은 마음….

2. 아래 예시 처럼 나의 생각을 담아 시의 한 부분을 바꾸어 보세요.

내 마음속에는	⇨	내 마음속에는
피자도 있고		딸기 케이크도 있고
라면도 있고		엄마도 있고
아이스크림도 있다.		동생이랑 놀고 싶은 마음도 있다.

🖍 빈칸 ☐ 은 내 생각으로 자유롭게 채워 넣어요.

🖍 빈칸에 글자 쓰기가 어려울 때는 말로 표현하거나, 글자 사전(127쪽)을 이용해요.

있다

바꾼 이: _____

내 마음속에는 💕

_____도 있고

_____도 있고

_____도 있다.

바꾸어 쓴 부분을 넣어 시 전체를 소리 내어 읽어 보세요.

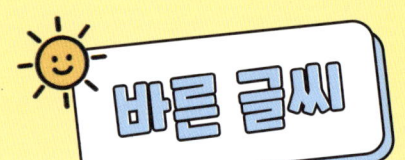
황금 문장 쓰기

오늘은 황금 문장을 써 볼 거예요.
황금 문장은 책을 읽고 가장 기억에 남는 문장, 내 마음에 쏙 드는 문장을 말해요.
황금처럼 빛나는 문장을 내 마음속에 저장!

| 소리 내어 읽기 | 너만의 문장에 |

자음 따라 쓰기: 너 만 의 문 장 에

자음 쓰기: ㅓ ㅏ ㅢ ㅜ ㅏ ㅔ

모음 따라 쓰기: 너 만 의 문 장 에

모음 쓰기: ㄴ 만 ㅇ 문 장 ㅇ

단어 따라 쓰기: 너 만 의 문 장 에

바르게 도전!: (대단해!)

114

 월 일

 가장 바르고 예쁘게 쓴 '오늘의 글자'에 빛나는 ⭐ 별 도장을 꾹 찍어 주세요. 축하해요!

| 소리 내어 읽기 | 손을 뻗어 봐. |

| 자음 따라 쓰기 | 손 | 을 | | 뻗 | 어 | | 봐 | . |

| 자음 쓰기 | ㅗ | ㅡ | | ㅓ | ㅓ | | ㅘ | . |

| 모음 따라 쓰기 | 손 | 을 | | 뻗 | 어 | | 봐 | . |

| 모음 쓰기 | ㅅ | ㅇ | | 뻗 | ㅇ | | ㅂ | . |

| 단어 따라 쓰기 | 손 | 을 | | 뻗 | 어 | | 봐 | . |

| 예쁘게 도전! | | | 👍 | | | 최고야! 📏 | | . |

황금 문장 생각 더하기

우리 집 책꽂이에서 내가 가장 좋아하는 책을 찾아보세요.

최근에 재미있게 읽은 책이면 더욱 좋아요.

재미있게 읽은 책의 제목과 지은이, 황금 문장을 찾아 써 보세요.

내가 고른 책은 바로

《나에게 들려주는 예쁜 말》이야.

이 책의 지은이는

김종원과 나래 야.

오늘의 황금 문장은

'나는 걱정은 조금만 하고,

좋은 상상을 자주 할 거예요.' 야.

가족, 친구와 함께 각자 고른 황금 문장을 소개해 주세요.
왜 그 문장을 골랐는지 이야기 나눠 보세요.
같은 책을 읽어도 각자 고른 황금 문장이 다를 수 있어요.

내가 고른 책은 바로

야.

이 책의 지은이는

야.

오늘의 황금 문장은

야.

또박또박 정성을 다한 나에게
세상에서 가장 예쁜 칭찬의 말을 전해 주세요.

마음 우체통

마음 우체통이 여러분의 진심을 배달합니다.

❶ 앞면

✂ 자르는 선 ──────
　 접는 선 ----------
　 풀칠하는 곳 ▧

만드는 방법

① 마음 우체통 ❶, ❷를 오려 주세요.

② 마음 우체통에 마음 카드를 넣을 ▬ 구멍을 만들어 주세요. 부모님께 도와달라고 부탁해요.

③ 접는 선이 바깥쪽에서 보이도록 접어 주세요.

④ 마음 우체통 ❶의 ▧ 부분에 풀칠을 하고 ❶과 ❷가 만나도록 붙여서 세워 주세요. 뒷면의 ▧ 부분에도 풀칠해요.

⑤ 마음 카드를 오린 뒤, 주제에 맞는 마음을 써 보세요.

⑥ 마음 카드를 마음 우체통에 넣어 진심을 전해 보세요.

❷ 뒷면

딩동! 마음이 도착했습니다.

마음 우체통 놀이를 하며 마음을 전해요!

마음 카드

가족에게 전하고 싶은 마음을 또박또박 바른 글씨에 담아 보세요.

| 나의 소중한 단어 | 우리 가족의 소중한 단어 |

| 생일에 먹고 싶은 음식 (초성 퀴즈) | 주말에 가족과 함께하고 싶은 활동 |

| 가족에게 전하는 <다섯 글자 예쁜 말> | 지금 이 순간, 듣고 싶은 말 |

___ ___ ___ ___ ___

'덕분에'를 넣어 전하는 감사 인사

가족에게 힘을 주는 말

마음 카드

두근두근 즐겁게 나누고 싶은 마음이 생길 때마다 한 장씩 오려서 사용하세요.

글자 사전

생각을 적다가 알쏭달쏭 모르는 글자가 있으면 이렇게 해요.

1. 글자 사전과 연필을 준비해서 부모님께 가요.
2. 밑줄 친 방법으로 물어보세요.

    "<u>엄마, 학교 쓸 때 학</u> 어떻게 써요?" (○)   "엄마, 학 어떻게 써요?" (X)

    "<u>아빠, 시계 쓸 때 계</u> 어떻게 써요?" (○)   "아빠, 계 어떻게 써요?" (X)
3. 부모님께서 글자 사전에 글자를 써 주시면, "감사합니다."라고 말해요.
4. 글자 사전을 보고 예쁘게 따라 써요.